图书在版编目(CIP)数据

历史教科书新诠：对清季民国之历史教科书的研究／李帆著．— 郑州：河南人民出版社，2020.8（2024.1重印）
（"通古察今"系列丛书）
ISBN 978-7-215-12411-0

Ⅰ．①历… Ⅱ．①李… Ⅲ．①历史课-教材-研究-中国-清后期②历史课-教材-研究-中国-民国 Ⅳ．①K20-42

中国版本图书馆CIP数据核字(2020)第135664号

河南人民出版社 出版发行
（地址：郑州市郑东新区祥盛街27号 邮政编码：450016 电话：65788072）
新华书店经销　　永清县晔盛亚胶印有限公司印刷
开本　787毫米×1092毫米　1/32　印张　4.25
字数　59千字
2020年8月第1版　　　　　　2024年1月第3次印刷

定价：48.00元

"通古察今"系列丛书编辑委员会

顾　问　刘家和　瞿林东　郑师渠　晁福林
主　任　杨共乐
副主任　李　帆
委　员　（按姓氏拼音排序）
　　　　安　然　陈　涛　董立河　杜水生　郭家宏
　　　　侯树栋　黄国辉　姜海军　李　渊　刘林海
　　　　罗新慧　毛瑞方　宁　欣　庞冠群　吴　琼
　　　　张　皓　张建华　张　升　张　越　赵　贞
　　　　郑　林　周文玖

序 言

在北京师范大学的百余年发展历程中,历史学科始终占有重要地位。经过几代人的不懈努力,今天的北京师范大学历史学院业已成为史学研究的重要基地,是国家首批博士学位一级学科授予权单位,拥有国家重点学科、博士后流动站、教育部人文社会科学重点研究基地等一系列学术平台,综合实力居全国高校历史学科前列。目前被列入国家一流大学一流学科建设行列,正在向世界一流学科迈进。在教学方面,历史学院的课程改革、教材编纂、教书育人,都取得了显著的成绩,曾荣获国家教学改革成果一等奖。在科学研究方面,同样取得了令人瞩目的成就,在出版了由白寿彝教授任总主编、被学术界誉为"20世纪中国史学的压轴之作"的多卷本《中国通史》后,一批底蕴深厚、质量高超的学术论著相继问世,如八卷本《中国文化发展史》、二十卷本"中国古代社会和政治研究丛书"、三卷本《清代理学史》、五卷本《历史文化认同与中国统一多民族国家》、二十三卷本《陈垣全集》,

以及《历史视野下的中华民族精神》《中西古代历史、史学与理论比较研究》《上博简〈诗论〉研究》等，这些著作皆声誉卓著，在学界产生较大影响，得到同行普遍好评。

除上述著作外，历史学院的教师们潜心学术，以探索精神攻关，又陆续取得了众多具有原创性的成果，在历史学各分支学科的研究上连创佳绩，始终处在学科前沿。为了集中展示历史学院的这些探索性成果，我们组织编写了这套"通古察今"系列丛书。丛书所收著作多以问题为导向，集中解决古今中外历史上值得关注的重要学术问题，篇幅虽小，然问题意识明显，学术视野尤为开阔。希冀它的出版，在促进北京师范大学历史学科更好发展的同时，为学术界乃至全社会贡献一批真正立得住的学术佳作。

当然，作为探索性的系列丛书，不成熟乃至疏漏之处在所难免，还望学界同人不吝赐教。

北京师范大学历史学院
北京师范大学史学理论与史学史研究中心
北京师范大学"通古察今"系列丛书编辑委员会
2019 年 1 月

目 录

前 言 \ 1

清季的历史教科书与线性历史观的构建 \ 3

清季民初历史教科书中的清史叙述 \ 28

清季民初历史教科书中的"国耻"话语与"亡国"话语 \ 47

民国历史教科书中的戊戌维新及康有为 \ 66

民国时期中学历史教育的嬗变:以历史课程标准的
　　变迁为核心 \ 92

附录:概念史与历史教科书史的研究 \ 111

参考文献 \ 118

前　言

历史教科书是近代分科之学的产物，以"教科书"形态进行历史撰述在中国始于 19 世纪末，成为大家共同关注的问题，则是在 20 世纪初清政府颁布新学制以后。这是由于新学制下的历史教科书是学校历史教育的主导资源，是一般民众普遍历史观的主要来源，其编写反映了国家政权、学者等对历史资源的态度，所以不能不受到各方高度重视。近年来，清季民国时期所编纂的历史教科书较为学界关注，已有一些研究成果问世，但从研究现状来看，平面化的讨论多些，而于教科书反映的本质性历史内容的研讨相对有限。具体而言，教科书编纂所依据的历史观是什么，教科书具有怎样的时代特质，教科书所表达的具体历史内容和学术研究的关系如何，等等，都是需要强化研讨的。基于此，本书拟通过对清季民初之时历史教科书的分析研讨，弥补一些研究中的薄弱环节，完善现有研究。具体做法是从个案入手，逐一讨论清季历史教科书与线性历史观的构建、清季民初历史教科书中的清史叙述、清季民初历史教科书中的"国耻"话语和"亡国"话语、清季民初历史教科书对于戊戌维新及康有为的书写、清季民国历史教科书编纂所依据的课程标准的变迁等重要问题，力求通过这样的努力，进一步提升教科书的研究水准，扩展近现代中国史的研究领域，丰富近现代中国史的研究内容，并希冀由此引发更多、更深入的思考和讨论。

清季的历史教科书与线性历史观的构建

  清季，伴随新学制、新学堂的建立，各类教科书在教育领域，特别是基础教育领域开始发挥重要作用，历史教科书也不例外。[1] 较之中国悠久的传统史学著述，历史教科书这一具有新体裁、新功能的历史撰述，带有明显的时代特色，其中线性历史观的突显，就是特色之一。近些年来，清季的历史教科书较为学者关注，出现了一批具有学术水平的研究论著。[2] 这些论

---

[1] 清季，教科书的应用范围主要在刚刚兴建的各类中小学和师范学校，所以本书所言历史教科书是指中小学和师范学校历史教科书，以及一些适用于社会教育领域的历史教科书。

[2] 如李孝迁：《新旧之争：晚清中国历史教科书》，《东南学术》2007年第4期；李孝迁：《晚清中小学国史教科书述论》，《历史教学问题》2009年第5期；舒习龙：《清末民初历史教科书编纂思想析论》，《淮北煤炭师范学院学报》2006年第2期；张越：《近代新式中国史撰述的开端——论清末中国历史教科书的形式与特点》，《南开学

著对历史教科书做了不同角度的探讨,其中也不乏对教科书中呈现出的历史分期、进化史观等进行研究的内容,这已涉及线性历史观方面的分析。但线性历史观关联的范围较广,进化史观仅是其基本内容之一,已有的研究尚未整体揭示出线性历史观是如何体现于历史教科书的,这颇令人遗憾。进而言之,从总体上研讨清季线性历史观的论著实则也不多见。[1] 有鉴于此,本文在已有研究基础上,以清季国人自编的本国史教科书为核心,做一点初步探讨。

  报》2008 年第 4 期;刘超:《古代与近代的表述:中国历史分期研究——以清末民国时期中学历史教科书为中心》,《人文杂志》2009 年第 4 期;刘超:《民族主义与中国历史书写——清末民国时期中学中国历史教科书研究》,复旦大学 2005 年博士论文。较近的研究则有 Peter Zarrow. *Discipline and Narrative*: *Chinese History Textbooks in the Early Twentieth Century*, Q. Edward Wang. *Narrating the Nation*: *Meiji Historiography*, *New History Textbooks*, *and the Disciplinarization of History in China*, Brian Moloughney and Peter Zarrow edited. *Transforming History*: *The Making of a Modern Academic Discipline in Twentieth-Century China*, The Chinese University Press, 2011, 等等。

[1] 近年来比较有影响的论文是王汎森:《近代中国的线性历史观——以社会进化论为中心的讨论》,《新史学》2008 年第 2 期;Wang Fan-sen. *The Impact of the Linear Model of History on Modern Chinese Historiography*, Brian Moloughney and Peter Zarrow edited. *Transforming History*: *The Making of a Modern Academic Discipline in Twentieth-Century China*, The Chinese University Press, 2011。

（一）

历史教科书是近代分科之学的产物，以"教科书"形态进行历史撰述在中国始于19世纪末，首先由来华西方传教士从事于此。传统中国社会虽然也有一些蒙童读物，但与近代意义上的教科书有本质区别。历史教科书成为大家共同关注的问题，则是在20世纪初清政府颁布新学制以后。这是由于新学制下的历史教科书是学校历史教育的主导资源，是一般民众普遍历史观的主要来源，其编写反映了国家政权、学者等对历史资源的态度，特别是政府所代表的官方的态度，所以不能不受到各方高度重视。

所谓线性历史观，主要是指线性文明发展理论，它源于基督教的历史观。基督教史学最早把历史理解为一个由固定的起点（上帝创世）到终点（末日审判）的直线运动，指出历史是一种向着既定目标前进的运动。启蒙思想家从内容上进行了更新：以理性取代神性，以科学取代迷信，以线性取代轮回，以进步破除天定。这样的线性历史观对18世纪以后的欧洲史学和文明理论产生了很大的影响，历史和文明的发展过程自此一直被看成是一种由低向高，直至理想世界的直线运动。19世纪末20世纪初，线性历史观开始在中国盛行，影响到思想、学术的各个方面，历史教育则首先受到影响。无论是学堂章程，还是教科书，只要是与历史教育相关者，都有线性历史观的影子。

1902年清政府颁发《钦定学堂章程》，开始全面引进西方的教育制度，但这个章程没有真正实施，很快被1904年初颁行的《奏定学堂章程》所取代。《奏定学堂章程》是在借鉴日本中小学课程基础上制定并实施的。根据章程所定学制，小学教育（含初等小学与高等小学）为9年，中学教育为5年，总共14年。无论小学还是中学，都设置历史课程。对于初等小学的"历史"课，《奏定初等小学堂章程》规定："其要义在略举古来圣主贤君重大美善之事，俾知中国文化所由来及本朝列圣德政，以养国民忠爱之本源。"[1] 对于高等小学的"中国历史"课，《奏定高等小学堂章程》

---

[1] 《奏定初等小学堂章程》，课程教材研究所编：《20世纪中国中小学课程标准·教学大纲汇编：课程（教学）计划卷》，人民教育出版社2001年版，第23页。

规定:"其要义在陈述黄帝尧舜以来历朝治乱兴衰大略,俾知古今世界之变迁,邻国日多、新器日广;尤宜多讲本朝仁政,俾知列圣德泽之深厚,以养成国民自强之志气,忠爱之性情。"[1]对于中学的"历史"课,《奏定中学堂章程》规定:"先讲中国史,当专举历代帝王之大事,陈述本朝列圣之善政德泽,暨中国百年以内之大事;次则讲古今忠良贤哲之事迹,以及学术技艺之隆替、武备之弛张、政治之沿革、农工商业之进境、风俗之变迁等事。……凡教历史者,注意在发明实事之关系,辨文化之由来,使得省悟强弱兴亡之故,以振发国民之志气。"[2]在西式中小学教育体系刚在中国得以确立的清季,《奏定学堂章程》等于教育的基本法规,当时虽然还没有"课程标准"[3]的提法,但《章程》中对历史课程"要义"的规定,实际就起着"课程标准"的作用,也是编写历史教科书所应遵循的规范。而从这些规定来看,"线性历史观"的一些含义

---

[1]《奏定高等小学堂章程》,《20世纪中国中小学课程标准·教学大纲汇编:课程(教学)计划卷》,第33页。

[2]《奏定中学堂章程》,《20世纪中国中小学课程标准·教学大纲汇编:课程(教学)计划卷》,第42页。

[3] "课程标准"在政府教育文件中的首次出现,是在民国初年。

已体现其中。众所周知，在线性历史观中，线性发展观和因果关系是主要内容。上述《章程》都要求历史课程需讲"由来""变迁""隆替""沿革""进境"等，《中学堂章程》更直接规定"凡教历史者，注意在发明实事之关系，辨文化之由来"，这些表述所强调的都是线性发展或因果关系在历史课程和历史教育中的重要性。《章程》里虽然也提及了历史上的王朝更替和圣主贤君，但显然王朝更替的固有历史观不及线性发展观和因果关系为人瞩目。线性历史观也强调历史发展的目的性，《章程》规定讲授历史要使学生明了"本朝列圣德政"，同时要"使得省悟强弱兴亡之故，以振发国民之志气"，或"养成国民自强之志气"。这里所言讲授或学习历史的目的虽然与强调历史发展目的的线性历史观不能完全等同，但内在精神是相通的。明了"本朝列圣德政"，自然是作为国家政权的清政府对历史教育提出的基本要求，而更关键者则在于反复提及的"国民"字样，明显含有塑造"国民"的用意，与民族国家叙事的线性历史目的论相接近，有助于线性历史目的论的传播。

《奏定学堂章程》对历史课程的规定，实际起着

"课程标准"的作用，是编写历史教科书所应遵循的基本准则。这也就意味着，依据《章程》所编撰的官修教科书，其内容必有线性历史观的体现。揆诸此类教科书的实际，也恰恰如此。与此同时，私撰历史教科书也在各类学堂流行。所以如此，是由于清政府虽规定对教科书采取审定制度，但其控制力量薄弱，审定制度也不完善，想完全操控教科书的编写与发行却力不从心，于是又不得不规定："如有各省文士能遵照官发目录编成合用者，亦准呈送学务大臣鉴定，一体行用，予以版权，准著书人自行印售，以资鼓励。"[1] 由此开启了私家编撰历史教科书政策的实施。于是，在一段时期里，呈现出了官修与私撰竞争并存，而又以私撰历史教科书为主的教科书流通局面。相较于官修教科书，私撰历史教科书更少受到束缚，更贴近时代脉搏和史学潮流。在线性历史观已然成为学界新宠的清季，私撰历史教科书在内容上对其有更多的反映。

可以说，构建线性历史观，是当时历史教科书的普遍行为。但同时也要指出，其背后的关怀实际颇不

---

[1]《奏定学务纲要》，璩鑫圭、唐良炎编：《中国近代教育史资料汇编·学制演变》，上海教育出版社2006年版，第509页。

相同。具体而言，官修教科书依《章程》而撰，其所体现的线性历史观绝不违拗当局意志和现行秩序；而私撰历史教科书多为持维新改良立场或持革命立场者所编，编写者的政治立场使得其历史观念必然与当局有所疏离。这是需予以说明的。

（二）

在清季的历史教科书中，线性历史观的主要层面，如线性时间观、线性发展观、线性因果关系、线性历史目的论等，都在不同方式下有不同程度的体现。

在中国古代的史书中，最常见的纪年方式是帝王纪年，其次为干支纪年。帝王纪年以皇帝年号为准，基本上是每个帝王自为一个断限（有的帝王也在执政中途改元易号），每个王朝为一个时间单位；干支纪年则六十年一个轮回，最能充分体现古人的循环史观。显然，这两种纪年方式均与线性历史观无缘。而能打破王朝界限和循环历史观念、代表线性时间观的纪年方式则为自西徂东的公元纪年，它是把历史理解为一个由固定的起点到终点的直线运动之基督教史学时间观的体现。清季国人所编的本国史教科书，已开始使用公元纪年，如丁保书编《蒙学中国历史教科书》末附的《中国历史大事年表》，以中历、公历对照的方式，将公元前551年（周灵王二十一年）孔子诞生到公元1899年（清光绪二十五年）俄英法向清政府租借旅顺大连湾、威海卫、广州湾的历史大事，按年列出。[1]如此列法，打破了帝王纪年和干支纪年对于历史的某种阻断，使从古至今两千余年的中国历史进程一目了然，历史大势、发展趋向呼之欲出，线性历史得以呈现。公元纪年外，清季还有其他一些纪年方式，如黄帝纪年、孔子纪年等，大体皆效仿公元纪年而设计，只不过将耶稣诞生作为时间起点换成了黄帝或孔子诞生为起点。教科书采用这样的纪年方式，同样能体现线性历史的精神，如横阳翼天氏（曾鲲化）的《中国历史》在谈及纪年时说："纪年为记录考证所最不可缺之符号，然中国向例，以帝王为标准，或一年而屡变，或一人而数易，繁难不便，极为野蛮。今因孔子为我国

---

[1] 丁保书：《蒙学中国历史教科书》，文明书局光绪二十九年（1903年）版，"附表"第1—5页。

历史中第一代表人物，用其诞生之年为纪元，孔子以前，则由一二逆数递推，以期划一而省读者之脑力。"[1]该书将中国固有的帝王纪年视为"野蛮"现象，而以孔子纪年取代之，固然有"省读者之脑力"的考虑，恐怕也有将类似公元纪年的孔子纪年视为"进步"现象的考虑，而其产生的结果却是使历史书写能在线性时间点上通而贯之，可以让读者由此改变原来的历史视野，超出王朝的局限来理解历史演进的全貌。

与纪年紧密相关的线性历史时间问题是有关历史分期的问题。有学者认为，历史分期是西方普遍历史的产物，史家通过划分历史时段来认识历史进程，表现对历史的理解。[2]清季历史教科书的一个特点，就是大多都有明确的历史分期，将中国历史划分为若干个时段，用"上古""中古""近古""近世"等词汇来表述。如陈庆年《中国历史教科书》将中国史分为上

---

[1] 横阳翼天氏：《中国历史》，东京东新社孔子纪元二千四百五十五年（1904年）版，"中国历史内容要点"第2页。

[2] 参见赵轶峰：《历史分期的概念与历史编纂学的实践》，《史学集刊》2001年第4期。

古、中古、近古三个阶段，夏曾佑《中国历史教科书》也是如此，横阳翼天氏《中国历史》将中国史划分为大（太）古、上古、中古、近古、近世、前世、现世七个阶段，姚祖义《最新中国历史教科书》仅将中国史分为上古、中古两阶段，等等。历史阶段的划分，表面上仅是时间断限，实际蕴涵着从古至今单线发展的线性时间观。综观这些教科书的时段划分，在上古史方面大体一致，除个别者外，基本是将秦统一之前的历史作为上古史；对于中古史和近古史，有的教科书将秦到明末皆视为中古史，有的以唐宋之际或五代为界，分为两期，将秦到唐宋之际或五代的历史视为中古史，将唐宋之际或五代到明末的历史视为近古史（也有将宋到清末的历史都称为近古史的）；对于清代历史，有的教科书将其归入近世史，有的将其划入"最近代史"[1]。之所以要有历史分期，横阳翼天氏明确指出："中国历史旧例，只区朝代而无时代之分，此蔽读史者之智识、塞读史者之感情之大端也。今综览古

---

[1] 如章嶔所编《中学中华历史教科书》将五代到明末的历史视为"近代史"，将清代历史视为"最近代史"。见章嶔：《中学中华历史教科书》下册，文明书局光绪三十四年至宣统三年（1908—1911年）版。

今世运之大势、民族之盛衰、社会之变动，分为诸时代，使读史者面目一新。"[1] 夏曾佑则详细阐发了何以要分中国历史为上古、中古、近古三大时期以及三大时期内部还要具体划分时段的缘由，强调以每个时期的时代特点及演化为基本依托，特别强调"世运"的变化，如言"近古之世，可分为二期。五代、宋、元、明为退化之期，因此期中，教殖荒芜，风俗凌替，兵力、财力逐渐摧颓，渐有不能独立之象。……清代二百六十一年为更化之期，此期前半，学问、政治集秦以来之大成，后半世局人心，开秦以来所未有。此盖处秦人成局之已穷，而将转入他局者，故谓之更化期"。[2] 也就是说，划分历史时期，是依据由古至今的历史发展进程和不同时段的特点而定，注重的是时序演进中的发展与变化，这与线性历史观的精神完全一致。

通过历史分期表现历史演进，实际隐含着如何看待历史演进的史观问题。清季历史教科书的编者热衷

---

[1] 横阳翼天氏：《中国历史》，第3页。
[2] 夏曾佑：《中国古代史》（即《中国历史教科书》），河北教育出版社2000年版，第12页。

于将上古、中古、近古、近世这类在西方带有发展内涵的时段概念，套用在中国历史上，很大程度上意味着他们服膺当时最为流行的史学观念——进化史观。事实也的确如此。不论是官修教科书的编者，还是私撰教科书的编者，也不论是趋于保守一边的，还是趋于维新、革命的，大抵皆受进化观念的影响，而在历史教科书的编撰中多有体现。此一问题多为当今学者关注，现有研究成果较为丰富，毋庸赘述。这里仅举数例说明之。丁保书认为："历史者，叙过去进化之现象，为未来进化之引线，非仅纪三千年之事实已也。"[1]其编《蒙学中国历史教科书》即依此理念行事。汪荣宝认为："历史之要义，在于钩稽人类之陈迹，以发见其进化之次第，务令首尾相贯，因果毕呈。晚近历史之得渐成为科学者，其道由此。"[2] 他编撰的《中国历史教科书》就是贯彻自身主张之作。刘师培在所编《中国历史教科书》的"凡例"中明确表明，要将"社会进化之阶级"作为要点，且说"今所编各课，于征引中

---

[1] 丁保书：《蒙学中国历史教科书》，"编辑大意"第1页。
[2] 汪荣宝：《中国历史教科书》（原名《本朝史讲义》），商务印书馆宣统元年（1909年）版，第1页。

国典籍外，复参考西籍，兼及宗教、社会之书，庶人群进化之理，可以稍明"。[1] 甚至连当时商务印书馆的历史教科书广告都以讲"进化"作为招徕，如对吕瑞廷、赵澂璧的《新体中国历史》加以介绍的广告词说："是编体例，仿东西洋历史最新之式，夹叙夹议，断制谨严。每卷末详举制度、学术、宗教、风俗、技艺、产业诸门，以见文明进化之序。"[2] 可见，进化史观几乎成了历史教科书共同遵守的观念。而讲求从野蛮到文明、从落后到进步直线发展的进化史观，则是最典型的线性历史观。

讲求进化史观，也意味着必然要关注历史演进的因果关系，因进化论下的历史书写是一种单线因果论性质的书写。在清季历史教科书那里，这方面例证也很多。如横阳翼天氏认为："古今社会事物，无巨细鸿纤，皆有原因结果二大关键。……是故读历史学，不究其原因，察其结果，则不明事实之关系。不明事实

---

[1] 刘师培：《中国历史教科书》，钱玄同等编：《刘申叔先生遗书》，民国二十五年（1936年）宁武南氏排印，江苏古籍出版社1997年影印版，第2177页。

[2] 陈庆年：《中国历史教科书》，商务印书馆宣统元年（1909年）版，版权页。

之关系，则虽读尽古今史乘，诚所谓记诵词章，无裨社会。"基于此，他分析了中国历史发展情形，指出中国"洎秦汉而降，进化之度极迟，虽谓中国人气质，有是古非今、尊中贱外、保守照例、傲慢自大等病，然其最大之原因，未始非沉沦于专制政治之黑暗时代，而结成此腐败不堪之秽果也"[1]。即把秦汉建立大一统国家后中国社会发展进化缓慢的主要原因，归结为"专制政治之黑暗"。汪荣宝也认为："夫人类之进化，既必有其累代一贯之关系，则历史亦不能于彼此之间，划然有所分割。然或因一事变起，而有足使当时大势面目一新者，史家为便编述计，特据此类事变，以为标准，而区分时代焉。"[2] 他强调历史现象之间的联系和因果关系，将历史时代的区分归结为历史发展的因果性质。夏曾佑的《中国历史教科书》则在这些方面更为突出。商务印书馆在为该书所刊广告中言："其宗旨则在发明今日社会之本原，故于宗教、政治、学术、风俗古今递变之所以然，志之独详。"[3] 该书特色确实

---

[1] 横阳翼天氏:《中国历史》,第2—3页。
[2] 汪荣宝:《中国历史教科书》(原名《本朝史讲义》),第1—2页。
[3] 陈庆年:《中国历史教科书》,版权页。

在此。夏曾佑非常注重历史发展的线性因果联系，如他强调人类由渔猎社会进入游牧社会，再由游牧社会进入耕稼社会，前因后果相随，单线演化而日趋文明，乃"今日文明之国"上古时代的历史发展公例，"天下万国，其进化之级，莫不由此，而期有长短"。[1]这样的表达，是典型的进化论观念下的单线因果关系的历史书写。

线性历史书写还有很强的目的论色彩。前已言及，《奏定学堂章程》对历史"要义"的规定，已明显含有塑造"国民"的用意，与民族国家叙事的线性历史目的论相接近。实际上，在各派人士所编的历史教科书中，他们不仅非常重视塑造"国民"，而且鉴于当时内忧外患的形势，对民族主义的倡导也不遗余力。如夏曾佑把自己对国家民族前途的关怀融进所编教科书中，指出"智莫大于知来，来所以能知，据往事以为推而已矣"。即学习历史的目的，是"据往事而知未来"，认为当时"人事将变"，欲知前途之

---

[1] 夏曾佑：《中国古代史》(即《中国历史教科书》)，第17页。

夷险，不能不亟于读史。[1] 正是依据这样的宗旨和目的，其《中国历史教科书》才重在记载"民智"进化的过程，突出"国民"在中国历史上的地位，揭示历史发展不同阶段国民的文化状况。实际是在国家濒于危亡境地之时，欲通过历史教育，激发国人的国民意识和爱国心。较之夏曾佑教科书的相对隐晦，有的教科书则直截了当触及民族主义目标，如《蒙学中国历史教科书》在"编辑大意"中说，该书要"识古来并合之由，以起近今丧亡之痛，长学识，雪国耻"，"以卫种族、张国威为主，凡遇有卫我同种、力捍外侮者，必称道勿衰，以壮我幼年之气"。[2] 横阳翼天氏在阐发其编《中国历史》的缘由时说："今欲振发国民精神，则必先破坏有史以来之万种腐败范围，别树光华雄美之新历史旗帜，以为我国民族主义之先锋。"[3] 这样的表达，充分显示出历史教科书不同于一般史学著作，线性历史目的论和教育功

---

[1] 夏曾佑：《中国历史教科书·叙》，《中国古代史》(即《中国历史教科书》)，第3页。
[2] 丁保书：《蒙学中国历史教科书》，"编辑大意"第1—2页。
[3] 横阳翼天氏：《中国历史》，第2页。

能是其必有的追求。当然,也需指出,尽管教科书都强调历史书写的目的是塑造"国民"、培养"爱国心"和达成民族主义,突出的是民族国家叙事的线性历史目的论,但官修教科书要塑造的是有"忠君卫道"之心的"爱国""国民",而持革命或维新改良立场者所私撰的历史教科书,则或是依托于推翻清朝统治、建立近代民族国家的政治理念,或是依托于在既有体制下实现开明政治以救国的理想,其所要塑造的"国民"和所培养的"爱国心"自然与官修教科书不同。亦即线性历史目的论方面的民族国家叙事可能用词相同,但指向相异。类似情形,在清季教科书所构建的线性历史观的其他表现形态中,实际也同样存在。

这一时期国人自编的历史教科书还有一个共同特点,即在体裁上打破了旧有史学形式,大多采用综合叙述的章节体。采用章节体,很大程度上是出于学校历史教育的需要,因中国史学固有体裁不便于开展近代教育,更不便于表达编写者的历史观念,就像汪荣宝之所言:"纪传之属,详于状个人,而疏于谈群治;编年之作,便于检日月,而难于寻始终。要之事实散漫，略无系统，可以为史料，不可以为历史。"[1]而西方传入的章节体可谓既综合又单一，相较于传统体裁，既适于近代教育之用，又能表达历史教科书编者"谈群治""寻始终"的理想。对于线性历史观的构建和线性史观的表达而言，此种既综合又单一、便于"寻始终"的体裁，当然是最方便的，这恐怕也是当日线性历史观能在历史书写中占据主导地位的一个辅助因素。

（三）

正是通过教科书编者的历史书写，通过他们对线性时间观、线性发展观、线性因果关系、线性历史目的论在书写中的刻意表达，线性历史观在清季的历史教科书中得以被系统构建。那么，何以这样的历史观会受到如此青睐，以至于成为我们学习和认识历史的基础呢？探究起来，恐怕多缘于彼时的时代环境和学者的主观追求因素。

---

[1] 汪荣宝：《中国历史教科书》（原名《本朝史讲义》），第1页。

众所周知，清季正是西学全面影响中国学术、中西学术相互碰撞并交融互释的时代，中国史学首先受到影响，面临更新与发展的难题。严复等人积极介绍以进化史观为代表的西方思想，对社会各界形成巨大冲击，史界亦不例外，而且进化史观逐渐得到史家的广泛认同；梁启超大力倡导"史界革命"，主张清算中国"旧史学"，建立"新史学"，从史学观念、史学内容到史学方法，意欲朝向西方，全面更新，并在史界产生强大共鸣。应该说，从严复到梁启超，他们在史学上努力和更新的方向，皆是与线性历史观的主张高度一致的。与此同时，近代教育所需的历史教科书走上时代舞台。在国人自编教科书被大量采用之前，先是拿来或翻译日本现成的教科书，即把日本的东洋史、支那史、西洋史教科书，作为本国史和外国史教科书来用，如那珂通世《支那通史》、桑原骘藏《东洋史要》等。作为教科书，这些史著在学术性上不一定十分高明。但引入它们，意义颇大。因为对中国史界而言，这些教科书多采用新史体例，以新眼光、新学识来编纂中国历史，所以重要的不是它们所提供的具体历史史实，而是"史识"，即贯穿在教科书中的讲求时代分期、社会进化、因果联系等典型的线性历史观念。对中国史家而言，编撰历史教科书首先是个模仿过程，而模仿的对象当然主要是日本的同类教科书。在这个意义上，国人自编的本国史教科书充斥着线性历史观的因素，实属理所当然，更何况对当时教科书编者影响甚大的进化史观和"新史学"潮流亦是主张线性历史观的呢！

进而言之，从本质上讲，历史教科书以线性史观为圭臬，其实体现了当时史家对"普遍历史"的热烈追求。所谓"普遍历史"，大体是指将人类历史作为一个整体、理解为一致的发展过程的历史。克罗齐曾指出："'普遍史'也不是一种具体的活动或事实而是一种'主张'……普遍史确乎想画出一幅人类所发生过的全部事情的图景，从它在地球上的起源直到此时此刻为止。事实上，它要从事物的起源或创世写起，直到世界的末日为止，因为否则就不成其为真正的普遍了。"[1] 据此，"普遍历史"的观念实与线性历史观的基本理念是一致的，源于基督教历史观的线性历史观即

---

[1] 〔意〕贝奈戴托·克罗齐著，傅任敢译：《历史学的理论和实际》，商务印书馆1982年版，第39页。

把历史理解为一个由固定的起点到终点的直线运动，强调历史发展的整体性和一致性。而克罗齐在书中所举的"普遍史"的例证——基督教史家奥古斯丁的作品，也同样属于线性历史的典范。晚清以降的中国，不断地和"世界"接触、交往，知识群体的观念也在不断更新，迄于清季，融入"世界"，成为国际平等一员的想法与呼声已相当普遍，史学界也不例外。不论是梁启超这样的史学大师，还是历史教科书的普通编者，皆存以史经世的意愿，即在历史书写中具有摆脱本土"特殊历史"而走向"普遍历史"的强烈诉求，故在历史分期、历史观念、历史体裁等各个方面皆力求靠近西方或日本人引致的"普遍历史"的范型，教科书不过是较为突出的读物而已。线性历史观也就是在这样的语境下突显出来的。

有关"普遍历史"在晚清被纳入中国学者视野以及清季日本因素的影响和梁启超等人对之的倡导，已有学者做过较为成熟的研究。[1] 这里需要补充的是，

---

[1] 可参见章清：《"普遍历史"与中国历史之书写》，杨念群等主编：《新史学：多学科对话的图景》上，中国人民大学出版社2003年版，第236—264页。

在中国固有的语境中,"普遍历史"并不完全是个新鲜事物。中国史学具有悠久传统,很早就有通贯性的历史思维,如天人关联的整体思维、通变思维、历史大势思维等,司马迁以"究天人之际,通古今之变"态度所完成的《史记》,树立起古代的通史典范。在"天下中国"即等于"世界"的那个时代,以《史记》等为代表的历史撰述,就是时人心目中的"普遍历史"。在线性历史书写中至关重要的历史阶段划分问题,中国史书中也不乏相关资源,《商君书·开塞》以"上世""中世""下世"的概念,总结大约相当于西周、春秋、战国三个阶段的历史;《韩非子·五蠹》中亦有"上古之世""中古之世""近古之世""当今之世"的表述;而《春秋公羊传》所持的"三世说",则更为清季学者广泛知晓。当然,这样的时段划分与线性历史书写中的历史时代区分是迥然有别的,就像傅斯年所指出的,古代中国史家实际上仍然是"仅知朝代之辩,不解时期之殊"[1]。不过尽管如此,毕竟"普遍历史"或线性历史的一些表面要素中国史家并不陌生,甚至"普

---

[1] 傅斯年:《中国历史分期之研究》,《北京大学日刊》1918年4月17—23日。

遍历史"或线性历史的一些概念译为中文后的词汇表达也与中国史书所用的词汇相同，于是，中国史家具备了顺利接受"普遍历史"或线性历史的概念、原则并在史学撰述中加以利用和实施的前提条件。清季历史教科书的编者就是这样一群人，他们史学素养颇高，熟知中国史学底蕴，能将公羊三世说之类的学说和进化史观有机结合，从而较为自如地在教科书中构建出了线性历史观。

由于教科书不同于其他的知识载体，是民众普遍知识的基本来源之一，承担着常识构建的使命，所以它的主张的影响力绝非普通知识读物可比。作为民众普遍历史观来源的载体，历史教科书也是如此。在这个意义上，清季历史教科书所主张和表达的线性历史观无论对当时还是对后世，都具有非同一般的影响。可以说，我们所习以为常的历史概念、历史分期，看待历史的方式，以及对历史发展的理解、对历史目的的评价，等等，大体皆缘于百年前被构建的这种线性历史观。不过时至今日，在肯定线性历史观下的大量历史著述为我们带来丰富历史视野和历史认识的同时，我们也需要警惕这种历史观本身所具有的某些根深蒂固的弊端,正如有学者所言:"如果说历史是进化的轨迹……以这样的定义回去看历史上的现象,往往有意无意之间会要求得一个单线进化的痕迹,要在其中寻找'公理''公例',而忽略了历史现象中非常复杂的面相,或忽略了古人对'史'其实具有另外一种很丰富、很有意义的看法。在对历史的新定义流行之后,这些看法被摆落一旁。"[1] 应该说,这样的提醒恰逢其时。

---

[1] 王汎森:《执拗的低音:一些历史思考方式的反思》,生活·读书·新知三联书店2014年版,第36页。美国学者杜赞奇也指出,线性历史和民族历史叙事的结合,对于历史真相进而对于真理起了"遮蔽"作用。他主张用复线的历史观以及叙述话语来书写历史,用以还原历史的多样性。见杜赞奇著,王宪明等译:《从民族国家拯救历史:民族主义话语与中国现代史研究》,社会科学文献出版社2003年版。

清季民初历史教科书中的清史叙述

清季，伴随新学制、新学堂的建立，各类教科书在教育领域开始发挥重要作用，历史教科书也不例外。民国初建的数年，百废待兴，历史教科书在内容上来不及做大的改变，所以清季民初的历史教科书大体上可视作一个整体。不过在这一整体中，有关清朝的历史叙述却不能不发生一定变化，这是由王朝体制转向共和体制所带来的必然变化。清季教科书的清史叙述和民初教科书的叙述变化，关联着此后清史书写的基本走向，对清史研究也有重要影响，非常值得探讨。但目前学术界对之关注有限，[1]不无遗憾。

---

[1] 有关此命题比较集中的讨论，是刘超的论著《民国历史教科书中的民族认同与政治认同——以"清朝史"叙述为中心》(《学术月刊》2014年第3期）和《历史书写与认同建构——清末民国时期中国历史教科书研究》（社会科学文献出版社2016年版）第11章"民族认

鉴于此，本文拟在这方面做些粗浅探讨，以求有助于清史研究的深入开展，并能对清史研究的学术史构建有所裨益。

（一）

教科书成为各界关注的焦点，是在清季的学制改革和新式学校建立之时。作为学校历史教育的主导资源，历史教科书除需传授基本的历史知识外，还承担着传播正统历史观、价值观以引导民众的功能，所以其编写既反映了学者立场，也反映了国家政权对待历史的态度，故有"章程""标准"一类的官方文件予以规范，这是历史教科书不同于普通历史读物的最大特色。清季的学堂章程，主要是1904年初颁布的《奏定学堂章程》，其关于历史科目的规定中就有讲授"本朝"历史的要求，如《奏定高等小学堂章程》中规定，"中国历史"课，"其要义在陈述黄帝尧舜以来历朝治乱兴

同与政治认同：民国教科书中的清史叙述"。刘超的论著主要讨论民国时期历史教科书中的清史叙述问题，且局限于民族与政治认同的视角，实有再扩展和再深入的很大空间。

衰大略，俾知古今世界之变迁，邻国日多、新器日广；尤宜多讲本朝仁政，俾知列圣德泽之深厚，以养成国民自强之志气，忠爱之性情"。[1]《奏定中学堂章程》中规定，"历史"课"先讲中国史，当专举历代帝王之大事，陈述本朝列圣之善政德泽，暨中国百年以内之大事；……凡教历史者，注意在发明实事之关系，辨文化之由来，使得省悟强弱兴亡之故，以振发国民之志气"。[2]基于此，清季的历史教科书多将"本朝"历史作为叙述重点，不仅所占篇幅超越前朝，而且还出于教学之需（中学堂第三年的历史课开设"中国本朝史及亚洲各国史"），专门有汪荣宝编《中国历史教科书》（原名《本朝史讲义》）、沈恩膏编《本朝史》等专述有清一代历史的教科书问世。

综观清季历史教科书中的清朝历史叙述，[3]两方面

---

[1]《奏定高等小学堂章程》（摘录），课程教材研究所编：《20世纪中国中小学课程标准·教学大纲汇编：历史卷》，人民教育出版社2001年版，第6页。

[2]《奏定中学堂章程》（摘录），《20世纪中国中小学课程标准·教学大纲汇编：历史卷》，第7页。

[3] 当时官方认可的中国历史教科书，是将清代历史作为本朝史来写的，至于持反满革命立场的刘师培等人所编的教科书，则多未写到清朝这一段，故本文所用教科书是清季所谓主流的历史教科书。

特点颇为鲜明：一是内容上大多集中在政治、军事、外交领域；二是价值评判上遵守《奏定学堂章程》的规定，基本肯定"本朝仁政"，并力求"振发国民之志气"。作为向青少年传授历史知识的工具，历史教科书注重知识的系统性和完整性。清季流通较广的几部教科书，如丁保书编《蒙学中国历史教科书》，姚祖义编《最新中国历史教科书》，陈懋治编《高等小学中国历史教科书》，吕瑞廷、赵澂璧编《新体中国历史》，汪荣宝编《中国历史教科书》，沈恩膏编《本朝史》，等等，皆从清朝开国写起，按历史时序写至作者所处的当下或稍前，大体将有清一代的历史划分为三个时期——开创时期（开国至康熙朝）、全盛时期（康熙至乾隆朝）、忧患时期（嘉庆朝及其后）。书中对于从顺治到乾隆的几朝皇帝，突出写其政治、军事、外交方面的作为，特别是对康熙、乾隆两帝的征伐战争多所着笔，如陈懋治《高等小学中国历史教科书》中，关于康熙朝史实的标题为"大清之统一"和"圣祖西征"，"大清之统一"包括"明祀之亡绝""三藩悉平""台湾之收复""防阻俄人之南下"等内容，"圣祖西征"包括"圣祖亲征西陲""圣祖救图伯特""图伯特之受我保护""平定天山南北路"

等内容；关于乾隆朝史实的标题为"高宗之南征"，包括"平定西南夷""缅甸之盛衰""暹罗之盛衰""缅甸之请和于我""暹罗之新王族""安南之分并易代""征服廓尔喀"等内容。[1] 姚祖义《最新中国历史教科书》谈及康熙、雍正、乾隆三朝史实时，主要内容为"平定三藩""郑氏据台湾""尼布楚之约""喀尔喀内附""抚绥西藏""开辟苗疆""荡平准部""征定回部""用兵西南""征抚安南"等。[2] 丁保书《蒙学中国历史教科书》也以"世祖定鼎及郑成功""三藩之乱及台湾之镇定""尼布楚条约""平定西部""录用欧人""高宗经略中亚细亚""征服暹罗缅甸""征安南"等为题，[3] 来书写顺治至乾隆朝史事。汪荣宝《中国历史教科书》则更是在"三藩之乱""台湾之收复""东北经略及中俄交涉""准噶尔之膺惩""西藏之平定""康熙之政要""青海及准部之叛乱""雍正之内治及外交""准部之荡平""回部之征定""苗族之剿治及西南诸国之

---

[1] 陈懋治：《高等小学中国历史教科书》，文明书局光绪三十年（1904年）版，第78—82页。

[2] 姚祖义：《最新中国历史教科书》第4册，商务印书馆宣统二年（1910年）版，第16—27页。

[3] 丁保书：《蒙学中国历史教科书》，第55—58页。

服属""乾隆朝之政治"等题目，[1]详细书写康、雍、乾三朝的政治、军事、外交史实。至于嘉庆朝开始的忧患期，教科书强调其内忧外患的时代特征，尤侧重书写对外事务，如《蒙学中国历史教科书》将这一时期命名为"我朝与外国交涉时代"，通过"英俄东略及我国之内乱""长发贼之乱及英法俄之交涉""英俄法之经略""我与日本之交涉"四个题目，[2]系统书写鸦片战争、太平天国运动、第二次鸦片战争、甲午战争等史实。《高等小学中国历史教科书》也以"乾隆后之内忧外患""洪秀全之乱及英法之入寇""我与俄之交涉""我与法之交涉""我与日韩之关系""甲午之役""列强侵略"等题目，[3]书写近代中国的内忧外患情形。基于教科书向受教育者传播知识的基本性质，这些历史教科书都以史实的铺陈、叙述见长，评论性的言语极少，时而会出现这样的评价，如说康熙至乾隆朝之历史，"不特为本朝史之全盛时代，亦中国全史中有数

---

[1] 汪荣宝：《中国历史教科书》（原名《本朝史讲义》），目录页。
[2] 丁保书：《蒙学中国历史教科书》，第60—68页。
[3] 陈懋治：《高等小学中国历史教科书》，第82—89页。

之境遇也"[1]。"圣祖、世宗、高宗之世,我之威令,远振四方,而文物亦称极盛。"[2] 显然既是据史实得出的结论,又能满足官方肯定"本朝仁政"的编写要求。实际上,论从史出,这些教科书对康熙帝至乾隆帝政治、军事、外交功业的大量铺陈,对嘉庆之后朝廷丧权辱国史实不加指斥的客观描述,就已实现了肯定"本朝仁政"的目的。至于大量描述晚清外患,则在于要通过对国耻历史的书写,实现"省悟强弱兴亡之故,以振发国民之志气"的教育目标。落实到具体史实上,就是把鸦片战争以来历次列强侵略、中国与之订不平等条约丧失利权以及中国不断失去藩属之国的历程详细描绘,如《蒙学中国历史教科书》叙述的是从古至今(作者所生活的时代)的历史,正文只有140页,叙事极简,唯独对晚清国耻历史详述之,占了18页的篇幅,虽全用史实铺陈,未加评论,但一条条罗列下去,读之令人触目惊心。这样的叙述,加之前面对康、雍、乾三朝文治武功

---

[1] 汪荣宝:《中国历史教科书》(原名《本朝史讲义》),"绪论"第3页。
[2] 丁保书:《蒙学中国历史教科书》,第58页。

的渲染，使得"振发国民之志气"的教育目标在话语层面得以达成。

可以说，清季得到官方认可的主流中国历史教科书，基本是依据学堂章程的规定，选择特定的历史内容，来书写有清一代的历史，从而确保教育目标的实现。这种书写方式，充分体现了教科书的育人特色，与严谨的学术研究不可同日而语。

（二）

1912年中华民国的建立，开启了一个历史新阶段。民国甫建，千头万绪，百废待兴，然学校教育乃树人大业，不能不及时更革，故当年北京政府就发布了"中小学校令"及相关的教则或施行规则来统一学校课程。有关历史课程的规定，体现在《小学校教则及课程表》和《中学校令施行规则》里，其中对小学历史课程规定道："本国历史要旨，在使儿童知国体之大要，兼养成国民之志操。本国历史宜略授黄帝开国之功绩，历代伟人之言行，亚东文化之渊源，民国之建设，与近百年来中外之关系。"[1] 对中学历史课程规定道："历史要旨在使知历史上重要事迹，明于民族之进化、社会之变迁、邦国之盛衰，尤宜注意于政体之沿革，与民国建立之本。"[2] 较之清季学堂章程对历史课程的规定，知识性的要求没有本质变化，最明显的改变是希望学生通过历史学习，了解"国体之大要""政体之沿革"，把握"民国建立之本"，这显然是基于对新建立的共和国必须认同的现实需求，与清季学堂章程要求"多讲本朝仁政"的思路是一致的。

民国建立后，一时来不及编很多适合需要的新历史教科书，一些书局就对清季教科书加以改编，以供暂时使用。如此一来，教科书关于清朝的历史叙述在知识层面上并无很大变化，即便是一些新编的教科书，也不少采纳清季教科书中的知识内容。民国初年较为通行的中国历史教科书，如赵玉森编《共和国教科书本国史》，钟毓龙编《新制本国史教本》，潘武编《中

---

[1] 《小学校教则及课程表》，《20世纪中国中小学课程标准·教学大纲汇编：课程（教学）计划卷》，第64页。

[2] 《中学校令施行规则》，《20世纪中国中小学课程标准·教学大纲汇编：课程（教学）计划卷》，第69页。

华中学历史教科书》，章嶔、丁锡华编《新制中华历史教科书》，潘武、章嶔编《新编中华历史教科书》，普通学书室编、赵玉森增订《普通新历史》，沈颐编《中国历史讲义》，等等，无不如此。这些教科书大体仍是注重清代政治、军事、外交的演进，对康、雍、乾三朝的政治、军事、外交举措不无褒扬，如说康熙帝与沙俄订立《尼布楚条约》，"并于黑龙江沿岸置屯田兵以守备之，而俄人南下之志大沮"[1]。称赞乾隆帝的一些政策"与康熙、雍正朝相类，庶几仁政焉！"[2]对于晚清的内忧外患，特别是对外方面的丧权辱国，也仍是以"国耻"话语出之，如钟毓龙在编撰《新制本国史教本》时一再强调"近世以来，外交失败，日甚一日，偿款割地，丧师辱国，屈指不能悉数。既已亏辱于当时，宜图振起于今日。本书于国耻一点，特加注重，庶使学者读之，有所警惕，而增进其爱国雪耻之心"[3]。这

---

[1] 潘武：《中华中学历史教科书》第2册，中华书局民国二年（1913年）版，第215页。

[2] 钟毓龙：《新制本国史教本（中学校适用）》三，中华书局民国三年（1914年）版，第79页。

[3] 钟毓龙：《新制本国史教本（中学校适用）》一，中华书局民国三年（1914年）版，"编辑大意"第2—3页。

实际反映了民国初建之时，外患不绝，根本危机仍在，历史教科书的这一话语及所发挥的作用有必要延续和保存下来。

相较于清季中国历史教科书中的清史叙述，民初教科书在叙述上的最大变化在于价值评判，其中认同问题是为关键。具体而言，民初教科书多在编写宗旨上强调民国认同，即"民国肇造，五族一家。是编注重于统一国土，调和种族，务使已往之专制观念，不稍留存于后生心目之中"[1]。如此表述，既表明在民族、国家认同方面，教科书完全认同于实行五族共和的中华民国，又表明作为共和国的中华民国，不同于此前的专制政体，教科书应将专制观念从学生头脑中祛除。基于这样的理念，教科书对于清朝统治的批评，就较为普遍了。清季书写本朝历史的教科书，对于清朝统治是持完全肯定态度的，于统治者形象不利的史实则刻意回避，如文字狱等。民初教科书则比较详细地书写文字狱的历史，以展示清廷的专制，如《共和国教科书本国史》就说："圣祖、世宗、高宗三帝，又皆专

---

[1] 章嵚、丁锡华：《新制中华历史教科书》一，中华书局民国三年（1914年）版，"编辑大意"第1页。

制雄主，钳制言论，束缚士林，靡所不至。都计前后焚禁书籍，亡虑千数百种，而文字之狱尤特繁，就中若康熙朝之明史狱、南山集狱，雍正朝之试题狱、论史狱、文评狱、经注狱，乾隆朝之诗钞狱、字书狱，皆三帝用以制服国民巩固帝业者，是为专制极端之进化。职是之故，当民国前三世纪至二世纪之间，正泰西各国各大宗学术昌明时代，我国国民则蜷伏于网罗机括之下，除词章考据外，不敢复有言论及思想之自由，而人才为之大绌云。"[1]《普通新历史》专门以"文谳之繁兴"为题写有一节，节下小标题分别为"康熙朝之文谳""雍正朝之文谳""乾隆朝之文谳"，系统介绍了康、雍、乾三朝的文字狱"盛况"，认为文字狱"遂胎后此种种之祸变"。[2] 不仅文字狱，民初教科书对清季教科书彻底否定的太平天国和甚少提及的戊戌变法，也有新的叙述。太平天国在清季教科书那里被称为"发贼"，各书对其兴灭过程都做了描述，视之为

---

[1] 赵玉森：《共和国教科书本国史》卷下，商务印书馆民国二年（1913年）版，第34—35页。
[2] 普通学书室编，赵玉森增订：《普通新历史》，商务印书馆民国二年（1913年）版，第101—102页。

"极盛"之"内乱","十六省之地,皆为蹂躏"。[1]民初教科书则为太平天国正名,虽也是客观描述史实,但肯定其合理性,如认为太平天国运动等民变的发生,是由于"清之入主中国也,种见甚深,胎种种之恶感",肯定太平天国定都天京后,"其民政取男女平权,开科分男女两榜……严禁贩奴、畜妾、卖娼及女子缠足"。对于清廷的镇压成功,则评价曰"太平既灭,朝廷封赏将吏,以励其余。至于政治问题,盖从未为根本上之整顿云"。[2]至于戊戌变法,在清季为敏感问题,一些教科书回避不谈,个别教科书如姚祖义编《最新中国历史教科书》、沈恩膏编《本朝史》分别以"戊戌变政""戊戌政变"为题对之做简要介绍,不予评论。民初教科书虽也是客观介绍戊戌变法史实,但于字里行间予之正面肯定,如说变法之发生是因当时西太后那拉氏"独擅朝权,贿赂公行,吏治益坏,外侮又乘之迭起",光绪帝"忧国事日非,发奋求治,图变法自

---

[1] 吕瑞廷、赵澂璧:《新体中国历史》,商务印书馆宣统三年(1911年)版,第45—50页。
[2] 赵玉森:《共和国教科书本国史》卷下,第48—51页。

强"。[1] 而变法失败使得"清廷政权又握于顽固守旧派之手，遂酿成拳匪之乱"[2]。实际上，所有这些对文字狱的揭露，对太平天国、戊戌变法的肯定，都为书写后来的反清革命、建立民国做了铺垫。在此背景下，民初教科书普遍对反清革命、建立民国、清帝逊位的过程进行系统描述，充分肯定其正义性和合理性。有的教科书总结道："（清季）政治上之文明，乃为最少数之权贵所把持，而不容吾民之稍谋进益，于是全国推翻专制之决心几合京畿内外而一致。风云一起，曾不数月，而清命以倾，遂为废除专制进趋立宪之良好机会。此则国民之治本期历史者，所当感受。"[3] 这样的结论，显然与当时校令规则中要求历史课程"注意于政体之沿革，与民国建立之本"的规定全然一致。

可以说，民初历史教科书中的清史叙述，政治话语更为突出。五族共和所代表的新的民族认同，中华民国所代表的新的国家认同，批判清廷专制所代表的

---

[1] 潘武：《中华中学历史教科书》第2册，第228页。
[2] 章嶔、丁锡华：《新制中华历史教科书》九，中华书局民国三年（1914年）版，第8页。
[3] 赵玉森：《共和国教科书本国史》卷下，第99页。

民主共和意识的培养，都在书写中得以表达，充分反映出历史教科书在新时代来临之际所发挥的功能。较之清季，虽指向不同，然所起作用是一致的。

（三）

从学术研究的角度看，真正的清史研究是自民国建立、清帝逊位后才逐渐展开的，所以清季民初历史教科书中的清史叙述，都是在没有具体研究成果可依托的情况下自主书写的，尽管其时"新史学"的氛围和主张对它有引导作用。依照严格的学术标准，这样的叙述当然问题颇多，但反过来，它也对此后的清史研究产生了重要影响：一方面在基本史实、框架、脉络上为后世取法，另一方面其具有的"新史学"色彩也为后来的学术研究所继承和发展。

作为传授知识的基本工具，教科书注重知识的系统性和完整性，清季民初的中国历史教科书对从古至今的中国历史进行了系统书写，每个王朝都不例外，所以清史在历史教科书中是以王朝史的面目出现的，是一个整体。但与以往后朝为前朝修史的传统相异的是，清季民初之时正值"史界革命"之际，"新史学"取法西方的断代为史观念和做法为大家所认同，加之日本所编中国史教科书带来的影响，故每个王朝又被置于不同的历史时期中。清朝在教科书中多被作为"近世史"来看待，如陈懋治《高等小学中国历史教科书》、赵玉森《共和国教科书本国史》、钟毓龙《新制本国史教本》、潘武《中华中学历史教科书》等都是如此，章嵚、丁锡华《新制中华历史教科书》则将之视为"最近代史"（称五代至明为"近代史"）。实际上，所谓"近世史"在不同教科书中包含的时段是有差异的，有的教科书将元明清三代统称为"近世"，有的仅将清代称为"近世"，可见"近世"在当时非为十分严密的概念。不管"近世"如何界定，总归清朝在这里是一个整体，鸦片战争尚未被视作清史的前后分野，相对而言乾嘉之际更受重视，如前所述，嘉庆朝及其后被教科书视作忧患时期，乾嘉之际实际成为清朝由盛转衰的起点。这样的看法，对此后一段时间的清史研究很有影响，而且将清朝作为一个整体看待，注重清史的完整性，也对清史研究颇为有益。当然，鸦片战争在当时的教科书中虽无今天这样的意义，但作为道光朝的重大事件，教科书十分重视对它的书写，将之看作清朝对外交往的一个关键点，而且愈到后来愈加重视，这恐怕也为此后晚清史和中国近代史的相关界定准备了一定素材。实际上，教科书强调清朝从嘉庆开始具有内忧外患的时代特征，尤侧重书写这一阶段丧权辱国的对外事务，并出之以"国耻"话语，就已在某种程度上规定了此后晚清史和中国近代史的研究走向。另外，教科书注重康、雍、乾三朝的文治武功，将之作为盛世看待，民初时又突出书写其时的文字狱，以揭露清廷的残暴专制，等等，这些史实和脉络基本都为后来的学术研究所吸纳和发挥，可见教科书所建构的清朝历史不容忽视。

教科书是新学制、新学堂的产物，同时也与时代潮流相始终，清季民初的历史教科书就受到"新史学"的很大影响，其清史叙述当然也不例外。这体现在三个方面：一是体裁上用章节体，甚至可以说中国人写史用章节体就是起自清季的教科书。二是进化史观成为教科书的主要指导思想，教科书编者大多遵从于此，如汪荣宝认为："历史之要义，在于钩稽人类之陈迹，以发见其进化之次第，务令首尾相贯，因果毕呈。晚近历史之得渐成为科学者,其道由此。"[1]其编《中国历史教科书》即依此理念行事。三是在内容选择上尽量多元化,避免写成梁启超所批驳的那种帝王将相的历史。尽管教科书的清史叙述,侧重写政治、军事、外交方面的史实和帝王在这些领域的作为,但非以帝王家史、朝廷内部斗争等为重点,而且大都兼顾文化、社会、经济的历史,如《新体中国历史》单设"明及我朝政教"一章,分"制度""学术""宗教""技艺""产业"五节叙述相关史实;《本朝史》也专设"政俗制度"章,从户口、赋税、学制、法制、币制、文艺、宗教、交通、实业等多个方面展开叙述。[2]其他教科书也有类似设计。教科书编撰上的这些举措和内容,虽非严密的学术研究,但确予民国时期的清史研究以极大影响。

当然,历史教科书是历史教育的工具,集中体现的是史学的致用功能;而学术研究旨在探求学理,史学研究将求真作为最高追求。两者的目标是不一致

---

[1] 汪荣宝:《中国历史教科书》(原名《本朝史讲义》),"绪论"第1页。
[2] 吕瑞廷、赵澂璧:《新体中国历史》,目录页;沈恩膏:《本朝史》,中国图书公司光绪三十四年(1908年)版,目录页。

的，但也并非全然矛盾，只有求真基础上的致用，才能发挥最佳功能。按此逻辑，应是先有充分的学术研究，再依凭研究成果编撰作为教育工具的教科书，方才最有成效。然清季民初之时涉及清史的教科书的编撰，却违反了这一逻辑，即在学界基本尚未开展清史研究的情形下，教科书编者没有充分可靠的研究成果为依托，其所编出的内容可能往往求真无门，致用为上，无法达至求真与致用的完美结合。进而言之，此种致用取向的清史叙述反过来又影响了后来的清史研究。这不能不令人由此思考清史研究的起点问题以及相应的学术好尚等问题，其利弊得失，应是构建清史研究之学术史时需要思考的重要方面。

总之，清季民初历史教科书中的清史叙述，可谓历史学如何求真与致用的一个典型案例，围绕这一案例，还有不少可以深入探索的空间，值得进一步用力开掘。

清季民初历史教科书中的"国耻"话语与"亡国"话语

较之中国悠久的传统史学著述,历史教科书这一具有新体裁、新功能的历史撰述,带有明显的时代特色,其话语建构尤其如此。考察清季民初的历史教科书,可知"国耻"话语和"亡国"话语是其中的主导性话语之一。这样的话语,不啻为特定历史时期"弱势话语"的集中展现。对此进行探讨,不惟可以深化教科书史的研究,而且于话语史的研究亦颇为有益。

(一)

清季的中国,面临的是前所未有的危机。甲午战争的失败和《马关条约》的签订以及此后一系列的巨大屈辱与挫折，使得"亡国灭种"成为当时的核心话题之一。具体而言，1895年《马关条约》签订之后，有关"国耻"和"亡国"的论述开始成为热点，梁启超的《波兰灭亡记》、康有为的《波兰分灭记》等是典型代表，他们吁请皇帝以波兰亡国史为殷鉴，早日变法以自强。1901年《辛丑条约》签订后，"国耻"和"亡国"论述更是书刊关注的焦点，如1903年陈崎编译《国耻丛言》，其中的第一编为《外患史》，1909年沈文濬刊行《国耻小史》，按照列强侵略中国的历史进程，从鸦片战争起按事件顺序记述，成为此后编写国耻史的样板，[1]"国耻"二字作为列强侵略中国使中国蒙受耻辱的表述，亦成为此后固定的话语表达；至于亡国史的编译，则更蔚为大观，有学者统计，仅在1901到1910年间，单行本就有30余种，其中朝鲜亡国史达7种，印度、埃及亡国史各为4种，波兰亡国史3种。[2]1912年中华民国建立后，内忧外患的局面并未根本改观，

---

[1] 参见俞旦初：《二十世纪初年中国的反帝爱国史学》，《爱国主义与中国近代史学》，中国社会科学出版社1996年版，第155—160页。

[2] 邹振环：《清末亡国史"编译热"与梁启超的朝鲜亡国史研究》，《韩国研究论丛》第2辑，上海人民出版社1996年版，第327—328页。

1915年5月9日,袁世凯宣布接受日本提出的灭亡中国的"二十一条"(除第五条外),5月9日因而被国人定为国耻纪念日,由此导致另一波国耻史出版的高潮,如1917年出版吕思勉编辑的《国耻小史》等。此后,国耻日不断在增多,国耻史的出版也一直不衰。

清季的学制改革和新式学校的建立,使得教科书成为各界关注的焦点。当时的学堂章程,对于历史课程,强调"凡教历史者,注意在发明实事之关系,辨文化之由来,使得省悟强弱兴亡之故,以振发国民之志气"[1]。显然有正面应对"亡国灭种"危机的用意。而负有教育未来国民使命的历史教科书编撰,自然免不了要构建相应的话语。这种构建往往出于对历史史实中的"亡国灭种"现象的凸显,以弱势话语激发人们的危机意识和自强意识,达到"省悟强弱兴亡之故,以振发国民之志气"的目的。于是,"国耻"话语和"亡国"话语就成为历史教科书的主导性话语之一。到民国初建之时,由于根本危机仍在,历史教科书的原有话语也就基本延续了下来。

---

[1] 《奏定中学堂章程》,《20世纪中国中小学课程标准·教学大纲汇编:课程(教学)计划卷》,第42页。

历史教科书表达"国耻"话语和"亡国"话语有一个基本的区分，即"国耻"话语主要出现于本国史教科书中，"亡国"话语主要出现于外国史教科书中。实际上，何谓"本国"，何谓"外国"，在清季的不同政治立场者那里是有分歧的。坚持维新改良或立宪路线者和普通读书人认同的"本国"自然是清王朝统治下的国家，而对于一些力主"排满兴汉"的革命党人来说，满族为异族，根据西方输入的主权国家原则，异族入我中国则中国实亡，故"中国已亡"，言外之意，清朝已非"本国"。所以，革命党人书写的一些亡国史是明朝灭亡的历史。不过对于历史教科书而言，由于其书写某种程度上代表着官方意志，内容上需以认同清王朝为前提，所以编撰者多为不否认当朝合法性者，即便有少数革命者参与其中，所写教科书亦不触及国家认同之分歧，故历史教科书中的本国史和外国史界限还是分明的。民国建立后，这类问题不复存在。

在本国史教科书中，书写"国耻"以达成历史教育之目的，往往是编者的自觉追求。丁保书在编撰《蒙学中国历史教科书》时指出："易姓变代，并吞缩削，地舆之沿革，历史上之一大原因也。况近代以来，欧西各国，潜谋侵夺，各据要害，租界为名，港场尽失。是编自春秋战国，迄最近形势，各附地图，详细指示，以识古来并合之由，以起近今丧亡之痛，长学识，雪国耻，是在吾党。"[1] 汪荣宝在编撰《中国历史教科书》时也说："欧人东渐之势力，日以扩张，自鸦片战争以来，数与外人搆兵，而每战必败，每败必丧失权利无算。至于晚近，而所谓港湾租借，矿山开采，铁道敷设之协约，相逼而来，西力之东侵，遂如洪水猛兽，一发而不可制。《易》称易之兴也，其有忧患乎？《传》曰多难所以兴邦，意者异日中兴之机，殆在此欤？"[2] 钟毓龙在编撰《新制本国史教本》时亦一再强调"本书要旨，在发挥吾国国民之特色，更推究其贫弱之原因。而社会、风俗、制度、学术，以及近世以来外交之失败，均特加注重，以唤起爱国雪耻之心"[3]。"近世以来，外交失败，日甚一日，偿款割地，丧师辱国，屈指不能悉数。既已亏辱于当时，宜图振起于今日。本书于

---

[1] 丁保书：《蒙学中国历史教科书》，"编辑大意"第2—3页。

[2] 汪荣宝：《中国历史教科书》（原名《本朝史讲义》），"绪论"第3—4页。

[3] 钟毓龙：《新制本国史教本（师范学校适用）》上，中华书局民国四年（1915年）版，"编辑大意"第2页。

国耻一点，特加注重，庶使学者读之，有所警惕，而增进其爱国雪耻之心。"[1] 这些表述，在在都表明编者的用意，即用"国耻"史实构建起弱势话语，以激励学习者有自立自强之心，共同奋发努力，实现国家"雪耻""中兴"的目标。落实到具体史实上，则是把鸦片战争以来历次列强侵略、中国与之订不平等条约丧失利权以及清朝不断失去藩属之国的历程详细描绘，如《蒙学中国历史教科书》叙述的是从古至今（作者所生活的时代）的历史，正文只有140页，叙事极简，唯独对晚清国耻历史详述之，占了18页的篇幅；章嵚所编之《中学中华历史教科书》，对于晚清以来丧权辱国的历史，以"清之外交"为题，用28条连续记之，占了全书最大篇幅[2]；《新制本国史教本（中学校适用）》以"清之外患"为节之标题，以"鸦片之战争""英法之联军""东北之蹙地""琉球之丧失""西北之蹙地""安南之丧失""马江之丧师""缅甸之丧失""哲孟雄布丹之丧失""暹罗之丧失""朝鲜之丧失""中东之战

---

[1] 钟毓龙：《新制本国史教本（中学校适用）》一，"编辑大意"第2—3页。

[2] 章嵚：《中学中华历史教科书》下册，第36—52页。

争""军港之租借""利权之侵夺"为目之标题,描述中国一步步蒙受国耻的历程,并辅之以"清外患图""中俄交涉图""清与英法交涉图"等地图,最后说:"列国竞争,不免因争夺起冲突,于是势力范围之说起,隐然无形之瓜分,外患之烈,循环而来,皆甲午一战启其端也。"[1]类似的表达,在其他教科书中也大体如此。虽以陈述客观事实为主,很少主观评论,但构建话语之目的已然达成。

在外国史教科书中,凸显亡国史以警醒国人,也常常是编者的自觉追求。傅运森等在编撰《师范学校新教科书·外国史》时说:"本书之编辑,界限务期分清,组织务期匀称,至于西力东侵以来,叙述尤详,即太平洋诸岛之分属,亦列专章,以资警惧。"[2]李秉钧在《新制东亚各国史教本(中学校适用)》中说:"本书于第四编,述日本维新前后之国势,而于琉球、台湾、朝鲜之割据并吞,言之尤详。救(教)员讲授时,得历数祖国丧权失地之实迹,俾一般学子,油然生其

---

[1] 钟毓龙:《新制本国史教本(中学校适用)》三,第101—112页。
[2] 傅运森、夏廷璋:《师范学校新教科书·外国史》,商务印书馆民国三年(1914年)版,"编辑大意"第2页。

爱国心焉。"[1]赵懿年在《中等历史教科书·东西洋之部》中说："日俄战争之后，事变日亟，为忧方多，惩诸国之沦亡，鉴日本之兴起，我东方文明祖国之人民，可不知所奋哉！"[2]此类言论，充分表达了编者立场，为警醒国人而书写亡国史的主观意图十分明显。在史实层面，这些教科书也是通过章、节、目的安排和地图的呈现等，来凸显亡国史迹，如《共和国教科书东亚各国史（中学校用）》以70页的简短篇幅概括东亚从古至今的历史，但其中记述近代以来东亚亡国史的内容就占了七分之一强，包含"安南之亡""缅甸之亡""琉球之亡""朝鲜灭亡"等子目，这十余页的内容较之其他部分要细致得多，而且用"列强在东亚势力图"来辅助说明各国亡国之痛；[3]《西洋历史教科书（中学校用）》里的《现世记》部分，则以"列国分割非洲""列国侵略亚洲""列国攘取大洋州诸岛"等为题，以主要

---

[1] 李秉钧：《新制东亚各国史教本（中学校适用）》，中华书局民国三年（1914年）版，"编辑大意"第2页。

[2] 赵懿年：《中等历史教科书·东西洋之部》，科学会编译部民国二年（1913年）发行，"东洋历史总论"第3页。

[3] 傅运森：《共和国教科书东亚各国史（中学校用）》，商务印书馆民国二年（1913年）版，第59—70页。

篇幅揭示各洲尤其是亚洲的亡国史。[1]和本国史教科书类似，虽皆力求不带感情色彩客观叙述，但细致罗列史实，使各国亡国历程步步呈现本身，就已起到了"亡国"话语所应起的作用。需说明的是，教科书中有关亚洲亡国史的不少内容，在本国史和外国史中是互见的，只不过本国史中称其为"国耻"，外国史中称其为"亡国"，这是因角度不同而做的区分，也表明了两个话语之间的相通性和一致性。

综观清季民初历史教科书中的"国耻"话语与"亡国"话语，可以看出，它们之被表达，除了编者在"编辑大意"之类文字中有所流露外，基本是通过客观陈述史实但有意凸显某类史实的方式实现的，历史内容的可选择性在其中发挥了关键作用。较之直白表达意图的国耻史、亡国史著述，历史教科书的这种表达方式相对隐晦和曲折些。这种区别，很大程度上是由教科书的性质所决定的。毕竟是作为教师讲授和学生学习历史知识的基本依据，教科书自以历史史实的客观呈现为主，而且这类代表官方意愿的文本，不可能像

---

[1] 傅岳棻：《西洋历史教科书（中学校用）》，商务印书馆己酉年（1909年）版，"现世记"第10—23页。

带有民间色彩的国耻史、亡国史那样可以直白宣泄情感，写来全无顾忌。

（二）

清季民初，历史教科书在历史叙述中占据主导地位之时，也是"新史学"运动蓬勃开展之际。在"新史学"运动中，进化史观成为主导性的历史观念，各种体裁的史著大都循进化史观展开论说，历史教科书也不例外。教科书编者不论是趋于保守者，还是趋于维新、革命者，大抵皆受进化史观的影响，并在历史教科书的编撰中体现出来，此已为学术界所公认。

就本质而言，讲求从野蛮到文明、从落后到进步直线发展的进化史观，是最典型的线性历史观，因线性历史观视历史为一种向着既定目标前进的运动，即历史和文明的发展过程是由低向高直至理想世界的直线运动。在这一过程中，由于各种因素的存在，不同国家、民族处在进化的不同位次上。对于清季民初这一时代而言，知识界最大的焦虑恐怕就是中国在世界进化位置上的不利地位，所思考的核心问题恐怕就是如何摆脱困境和提升进化位次。由此出发，可以说历史教科书构建"国耻"话语和"亡国"话语，实质上就在反映这种焦虑，并进而表达摆脱困境的现实需求。这方面的意图，有的教科书说得很清楚，如《新制本国史教本》在概括中国近世史时，说："自元代而明代至清室之末，为近世。……自明代中叶以还，与西洋尚武崇实之诸文明国相遇，遂不免事事失败，武力既不足以相抗，学术、工艺又不足以相竞，即人民之爱国心与自治力亦无在而不相形见绌，以至国势日颓，土地日蹙，财政日绌，民生日困，瓜分之祸悬于眉睫。"[1] 这样的言论，已把进化竞争中处于落后境地的心态和处在危机中的焦虑意识表露无遗，所以要用"国耻"话语和"亡国"话语激发爱国心，提升民族志气。以是之故，民族主义叙事在历史教科书中盛行。不少教科书直截了当触及民族主义目标，如《蒙学中国历史教科书》在"编辑大意"中说："交通愈广，畛域愈廓，今黄种与白种竞争，犹昔汉族与非汉族竞争也。是编以卫种族、张国威为主，凡遇有卫我同种、力捍外侮

---

[1] 钟毓龙：《新制本国史教本（中学校适用）》三，第1页。

者，必称道勿衰，以壮我幼年之气。"[1] 横阳翼天氏在阐发其编《中国历史》的缘由时说："今欲振发国民精神，则必先破坏有史以来之万种腐败范围，别树光华雄美之新历史旗帜，以为我国民族主义之先锋。"[2] 众所周知，民族主义是建立近代民族国家的产物，面对的是某一具体民族国家，近代人所谈的国耻史、亡国史，都是在这一前提下阐发的，历史教科书表达"国耻""亡国"话语，基于的理念也为此。所以教科书在谈"国耻""亡国"的惨痛历史时，一再强调塑造"国民"和"国民"所应有的责任与担当，如夏曾佑的《中国历史教科书》在内容上侧重记载"民智"进化的过程，突出"国民"在历史上的地位，从而塑造出中国的"国民"形象。赵懿年在《中等历史教科书·东西洋之部》中总结东洋近世史时，指出："及近世，而白人遂横行于亚洲，英取印度、缅甸，法取安南，俄取中亚诸国，日本怵之，变法自强，上下奋励，遂为霸者。抑近古以来，亚洲诸国，非第政治不振，即文化亦日赴于衰微，而欧人之文明，方输入而未已，此真所谓世界交

---

[1] 丁保书：《蒙学中国历史教科书》，"编辑大意"第3页。

[2] 横阳翼天氏：《中国历史》，第2页。

通之期也。昔也亚洲交通，以中国为之主；今也世界交通，亦以中国为之归。振祖国之文明，采他洲之新化，复旧日主人之资格，振世界交通之枢机，是在我国民勉之矣！是在我国民勉之矣！"[1] 这种言论，十分典型地表达了"亡国"话语下对中国"国民"的期许，力图激发起"国民"责任。傅岳棻在《西洋历史教科书（中学校用）》中对现世历史进行总结时，指出："十九世纪之后半期，欧洲各国，内部竞争，达于极点，乃以外交政策，结盟约植党援，维持国际平和；养其全力，整军经武，采用文明利器，编制国民常备军，俟国力充积，直趋而东。非洲之割，大洋州诸岛之分，中央亚细亚及南北两部之鲸吞蚕食，皆其势所必至已。顾日本以区区岛国，当西力东渐之潮流，屹如山立，不可震撼，卒能踔厉奋发，出全国死力，阏抑俄人之东下，何其壮欤！管子曰：君之所以卑尊，国之所以安危，莫要于兵。又曰：内政不修，外举不济。然则当弱肉强食之惨剧场，其亟修内政，实行国民皆兵主义，以鹗视鹰瞵于二十世纪之新世界哉！"[2] 对时局所做的如

---

[1] 赵懿年：《中等历史教科书·东西洋之部》，"东洋历史"第46页。
[2] 傅岳棻：《西洋历史教科书（中学校用）》，"现世记"第23—24页。

此总结，不仅是要借此激发国人的国民意识和爱国心，而且提出了正面应对之策，即感于日本的先例，要"亟修内政，实行国民皆兵主义"，由此才能巍然屹立于20世纪新世界中。可见心情之急迫，对富强之渴望。由这样的教科书所表达出的"国耻""亡国"话语，在在都反映出对中国于弱肉强食之进化序列中所处位置的焦虑，反映出需以民族主义塑造和动员"国民"、建立并完善近代民族国家以摆脱落后境地的强大意愿。

还需指出的是，国耻史、亡国史的写作以及"国耻"话语、"亡国"话语的盛行，固然基于时代语境，但究其根本，仍是传统史学思维的延续。在中国传统史学观念中，"以史为鉴"的鉴戒史观一直居于主导地位，而且它不仅局限于史学内部，更是一种政治历史观，历朝历代都受到最高当政者至少表面上的备加推崇。可以说，在中国古代史学政治化的大背景下，"以史为鉴"似乎是史家治史的不二追求。清季民初之时"亡国灭种"的严峻局势，使得史家对"以史为鉴"的热情远高过以往，书写"亡国史鉴""衰亡史鉴"成为一时风气。[1] 历史教科书构建"国耻"话语和"亡国"话语，实则也是对"以史为鉴"传统的继承，并成为这一风气的重要组成部分。夏曾佑在编《中国历史教科书》时，强调"智莫大于知来，来所以能知，据往事以为推而已矣"。即学习历史的目的，是"据往事而知未来"，认为当时"人事将变"，欲知前途之夷险，不能不亟于读史。[2] 这种写史态度，是典型的"以史为鉴"传统所塑造出来的。陈庆年在为所编《中国历史教科书》作序时，指出："书之为教，即史之为教。以史教天下，即以疏通知远教天下。世之不治史者，其偷生浅知，吾无责焉。苟其治之，则穷千载察百世，规一方营四表，其所持以为消息者，皆史之推矣。……知识全而后国家全，历史全而后知识全，完全之历史，造完全知识之器械也。"[3] 这样的说法，也是将"史""历史"推到

---

[1] 学术界对近代中国的"亡国史鉴""衰亡史鉴"已有一些研究，代表性的成果可参见俞旦初：《中国近代爱国主义与"亡国史鉴"》，《爱国主义与中国近代史学》，第242—259页；刘雅军："衰亡史鉴"与晚清社会变革，《史学理论研究》2010年第4期，第59—68页。

[2] 夏曾佑：《中国历史教科书·叙》，《中国古代史》（即《中国历史教科书》），第3页。

[3] 陈庆年：《中国历史教科书》，"序"第2页。

无以复加的位置，以"史鉴"作为引导天下、国家之利器，从而令历史教科书和历史教育具有非比寻常的功能。有的教科书则直截了当地表明书写国耻和亡国危局的"史鉴"意义，说："晚近以来，世变益亟，错处于赫壤而大势倚以为轻重者，几不在亚而在欧。而吾亚乃横被其酷，识时之彦，不仅博采其良法而见之行事，更缘先河后海之义，求诸历史递嬗之间，用以启牖我国民。"[1] "中国今日之时势，贫甚矣，若（弱）甚矣，其至于此，非一朝一夕之故，而数千年历史之变迁所造成者也。造成中国今日之历史，其最大之原因惟二端：一曰尚文，一曰崇虚，而崇虚又由尚文而来。惟其尚文，故于武备则不讲，于实业则贱视。……夫贫则致内乱，弱则致外侮。上下数千年间，乱与侮之祸几于无代无之，汉族蹈之于前，满、蒙、回、藏诸族之同化于汉族者，继之于后。延至于今，遂有不可终日之势。清祚告终，外侮日亟，所望全国民意之一致，以安内攘外为心，则一切国是进行自易。……辄备述分合、战争、兴衰、强弱之迹，亦以见今日中国之时

---

[1] 《最新中学教科书·西洋历史》上册，商务印书馆光绪三十二年（1906年）版，"序"第1—2页。

势，所由造成非偶然也。《诗》有之曰：兄弟阋墙，外御其侮，勿操同室之戈，而与渔人以利。固尤吾国民之所共兢兢者矣！"[1]如此论述，都是欲借助"史鉴"为当世指路，其现实性非常明显。而且基于教科书育人的特殊性质和广大的发行量，"国耻"话语和"亡国"话语所表达的"史鉴"，更能超越学术、政治层面，扩展而为普通人的"资治通鉴"。

　　清季民初之时"新史学"成为史坛要角，以反对中国"旧史学"为旗帜的"新史学"当然不会将"史鉴"置于至高位置，但也并非不留一点空间，实则"新史学"讲求的进化史观中就有"史鉴"可存在的某种空间。因进化论下的历史书写是一种单线因果论性质的书写，这意味着必然要关注历史演进中的因果关系，而"以史为鉴"的核心要义是总结历史的经验教训，为现实提供借鉴，其中暗含着总结历史演进的因果关系，双方有非常大的融合空间，就像具有"新史学"观念的教科书编者所言："历史者，已往之陈迹而已。然观乎已往之陈迹，则今日时势之所由造成，可推而知也，

---

[1] 钟毓龙:《新制本国史教本（中学校适用）》一，第1—2页。

故研究历史之学科尚焉。"[1] 如此表达,就恰当地将"以史为鉴"的传统观念和"新史学"的因果论融合了起来。而且"以史为鉴"并非中国人的专利,西方史学观念中也有类似的东西,只是中国尤甚,所以具有西史根基的"新史学"笼罩下的历史教科书并不排斥"史鉴","国耻"话语和"亡国"话语成为具有近代特色的"史鉴"的代表,"史鉴"的对象也从帝王转向了民众。

有学者指出,当清季剧烈的时代变迁导致援引国史成例不再能够有效地解决现实问题的时候,国人所提出的"借他人之阅历而用之""以各国近百年来史乘为用"的主张,仍是以"个别事例褒贬法戒"的"史鉴"传统的延续,其实际效能是非常值得怀疑的,就史学发展而言,"在剧烈的时代变迁中,大多数西方史家已经不再相信历史个别事件具有可模仿的范例性""个别历史事件不再能够提供直接的行为根据"。[2] 就此而言,以新瓶装旧酒,清季民初历史教科书中"国耻"

---

[1] 钟毓龙:《新制本国史教本(中学校适用)》一,第1页。
[2] 刘雅军:《"衰亡史鉴"与晚清社会变革》,《史学理论研究》2010年第4期,第67—68页。

话语和"亡国"话语所表达的"史鉴"观念，其作用边际恐怕是有限的，相关问题实有很大的再探讨空间。

民国历史教科书中的戊戌维新及康有为

关于戊戌维新及康有为的研究，一向是学界热点，学术成果层出不穷。但在历史教育领域中，戊戌维新及康有为是以什么面目出现的，却少有关注。众所周知，历史教育与史学研究虽密不可分，然实分属不同领域，所承担的任务和所发挥的功能差异甚大。一般来说，史学研究奠定了历史教育的基础，历史教育依托教科书等媒介，将史学研究成果转化为公共知识，提供给受教育者。不过有些时段和门类的历史知识，是在史学研究尚未展开或未充分展开之时即已进入了教育领域，被写入了历史教科书，这些知识甚至反过来又对该时段和门类的史学研究产生了某种影响，此类现象非常值得关注。戊戌维新及康有为的史实构建，就大体属于这种情形。故而探讨历史教科书对戊戌维新及康有为的书写和形象塑造，是颇有意义的。

（一）

历史教科书[1]被各界所关注，是在清季的学制改革和新式学校建立之时，距戊戌变法失败不过数年。其所以为社会瞩目，在于所肩负的使命，即作为学校历史教育的主要载体，历史教科书除需传授基本的历史知识外，还承担着传播正统历史观、价值观以引导民众的功能，故而它不是普通的历史读物。

戊戌维新史实在历史教科书中的最早出现，大体在1908年。虽然从1903年开始，已陆续有中国人自编的历史教科书行世，但最早的教科书如丁保书《蒙学中国历史教科书》（1903年出版）、陈懋治《高等小学中国历史教科书》（1904年出版）等，都没有戊戌维新的内容。《蒙学中国历史教科书》写至中日甲午战争后的"俄德英法之借地"，包括1897到1899年间的德

---

[1] 这里所言的历史教科书是指基础教育领域的历史教科书或教学参考书，不包括高等教育教科书。

国强行租借胶州湾、俄国强租大连湾及旅顺口、法国强租广州湾等史实；[1]《高等小学中国历史教科书》亦写至甲午战争后的"列强侵略"，包括上述德、俄等国"迫借"中国领土的史实。[2] 然两书皆回避书写同时发生的戊戌维新。直到 1908 年，有的教科书才出现戊戌维新的内容，如沈恩膏《本朝史》以"戊戌政变"为题、以百余字的篇幅对戊戌维新做极简要的客观介绍，不加任何评论；[3] 章嵚《中学中华历史教科书》也仅是说"（光绪）二十四年，德宗鉴时势之日非，下诏变法。数月间反对者踵起，既而太后那拉氏复听政"[4]，一笔带过了具体史实。1910 年出版的姚祖义《最新中国历史教科书》大概是清季教科书中书写戊戌维新史实最细致的了，该书以"戊戌变政"为题，用三百余字的篇幅简要叙述戊戌变法的过程，核心内容为："（光绪）二十四年夏，帝严饬中外诸臣，实行新政，擢杨锐、林旭、刘光第、谭嗣同四品卿衔，参预机务。废八股，

---

[1] 丁保书：《蒙学中国历史教科书》，第 69—70 页。
[2] 陈懋治：《高等小学中国历史教科书》，第 89 页。
[3] 沈恩膏：《本朝史》，第 44 页。
[4] 章嵚：《中学中华历史教科书》下册，第 5 页。

改文武试制，许士民上书；诏各省、府、厅、州、县，遍立学堂；兴工商诸业，有能创新制者，予保奖及专利；汰冗员，简兵额。于是中外士民，条陈新政者，日数十辈。八月，孝钦显皇后复听政，征天下名医，视帝疾。召直隶总督荣禄，入赞枢要。责康有为等谋围颐和园，大逆不道，捕治之。康有为及其徒梁启超，遁海外。诛杨锐、林旭、刘光第、谭嗣同、杨深秀、康广仁（有为之弟）。"[1] 皆系客观描述，全无主观判断。这样的书写情形，很大程度上是基于教科书的特殊性质，即它要表达国家政权对待历史的态度，背后有"章程""标准"一类的官方文件予以规范。清季的学堂章程，主要是1904年初颁布的《奏定学堂章程》，其中关于清代历史的叙述，《奏定高等小学堂章程》规定："尤宜多讲本朝仁政，俾知列圣德泽之深厚。"[2]《奏定中学堂章程》规定："陈述本朝列圣之善政德泽，暨中国百年以内之大事。"[3] 也就是说，历史教科书书写"本朝"历

---

[1] 姚祖义：《最新中国历史教科书》第4册，第53—54页。
[2] 《奏定高等小学堂章程》(摘录)，《20世纪中国中小学课程标准·教学大纲汇编：历史卷》，第6页。
[3] 《奏定中学堂章程》(摘录)，《20世纪中国中小学课程标准·教学大纲汇编：历史卷》，第7页。

史，必须要"多讲本朝仁政"、突出帝王"善政德泽"，而戊戌维新特别是慈禧太后发动的戊戌政变，大概很难被列入"善政德泽"之事，况且这又是当时的敏感问题，教科书对之只能是要么回避不谈，要么做一点简单的客观介绍，无法施加价值判断。

1912年中华民国的建立，开启了一个历史新阶段。民国甫建，千头万绪，百废待兴，然学校教育乃树人大业，不能不及时更革，故当年北京政府就发布了"中小学校令"及相关的教则或施行规则来统一学校课程。关于历史课程，规则中强调"尤宜注意于政体之沿革，与民国建立之本"[1]。这显然是基于对新建立的共和国必须认同的现实需求，与清季学堂章程要求"多讲本朝仁政"的思路是一致的。在清朝已经灭亡的背景下，戊戌维新不再是需要回避的政治敏感问题，所以民初所编的中国历史教科书基本都有这方面的内容，而且篇幅上明显超越以往。这些教科书虽也立足于客观介绍戊戌维新史实，但有了自己的价值判断，如说变法之发生是因当时西太后那拉氏"独擅朝权，贿赂公行，

---

[1]《中学校令施行规则》，《20世纪中国中小学课程标准·教学大纲汇编：课程（教学）计划卷》，第69页。

吏治益坏,外侮又乘之迭起"[1],"会中东之役,败于蕞尔之日本,于是有志之士,益相与译新书、谈新学,排外自大之气,为之一变。粤人康有为屡上书言时政,其弟子梁启超等设《时务报》馆于上海,风声所树,举国倾动,中华革新之机,实肇端于此时。"[2]光绪帝"忧国事日非,发奋求治,图变法自强"[3]。这样的描述,于字里行间予戊戌维新以肯定,康有为、光绪皇帝是正面人物的代表,慈禧太后则成反面典型。如此判断,大体奠定了此后书写戊戌维新历史的基本立场。同时这与课程规则的要求也相统一,即对戊戌维新的肯定,是为书写后来的反清革命、建立民国的正义性、合理性做了铺垫,就像有的教科书所总结的那样:"(清季)政治上之文明,乃为最少数之权贵所把持,而不容吾民之稍谋进益,于是全国推翻专制之决心几合京畿内外而一致。风云一起,曾不数月,而清命以倾,遂为废除专制进趋立宪之良好机会。此则国民之治本期历

---

[1] 潘武:《中华中学历史教科书》第2册,第228页。

[2] 钟毓龙:《新制本国史教本(中学校适用)》三,第114页。

[3] 章嵚、丁锡华:《新制中华历史教科书》九,第8页。

史者，所当感受。"[1]这样的结论，显然与当时课程规则中要求历史课需"注意于政体之沿革，与民国建立之本"的规定全然一致。

民国建立十年后的1922年，北京政府进行了学制改革，时值五四新文化运动高潮之际，中国教育界取法美国，设计了新的课程方案。对于历史课程，不再像清季或民初那样赋予较多的外在功能特别是政治功能，而是要求"追溯事物的原委，使学生了解现代各项问题的真相"。具体到"近世史"，仅是列出"清末大事""清末外交"等条目，未做写作要求。[2]这种相对宽松、笼统的课程纲要，使得教科书编者可以更为独立、自由地进行历史叙述。所以这一时期有关戊戌维新及康有为的叙述，不仅篇幅大大超越此前，而且历史细节更为丰富了。如顾颉刚、王钟麒所编的《现代初中教科书·本国史》，以"维新运动"为题，用两千余字的篇幅，对戊戌维新的前因后果做了系统描述，认为康有为所领导的维新变法之所以发动，即基于"那

---

[1] 赵玉森：《共和国教科书本国史》卷下，第99页。
[2] 《初级中学历史课程纲要》，《20世纪中国中小学课程标准·教学大纲汇编：历史卷》，第14页。

时知识阶级的优秀分子，一面秉着先辈治学的怀疑精神，即随时发露求是的倾向，一面因与外人接触的机会日多，对外的认识又渐渐清楚，于是革新的动机便勃发而不可遏抑了"。同时，"经过了中法、中日两次的战役，船坚炮利并不足恃，而那种慕影逐末的弱点却尽情暴露了。中国人既受了这样一番教训，自然会转变态度，着眼在政治方面，另谋一个改造的方案，于是有打着'变法自强'的旗子来运动改革政治的'维新党'出现"。维新变法在旧党和慈禧太后的打击下失败，"这便是戊戌的政变"，"旧党既得完全胜利……惟主要分子康有为和梁启超二人却已逃亡海外，非但不能把他们捉来泄忿，而且他们反在外面攻击太后，牵制朝局。于是不上两年，太后竟迁怒外人，酿成空前未有的大交涉，几乎把中国的元气毁灭一个干净"。[1]这样完整的叙述和鲜明的价值判断，为以往所少见。再如高博彦所编的《中国近百年史纲要》，以"戊戌变法"为题，分立"变法之背景""德宗变法""戊戌政变""政变以后之政局及其影响"四个子目，用数千字

---

[1] 顾颉刚、王钟麒：《现代初中教科书·本国史》下册，商务印书馆民国十三年（1924年）版，第74—80页。

的篇幅，系统论述戊戌维新的前因后果和主要史实；[1]其基本架构和格局，几接近于现今的著述。可以说，这一时期对戊戌维新历史的书写，无论是史实的把握，还是价值的判断，都比此前细化、深化了许多，并奠定了此后相关书写甚至学术研究的根基。

1928年国民党统一了全国，国民政府重新制定了《中华民国学校系统》。相应地，历史课程随后也做了调整。当时颁布的《课程标准》，主张"注重近代史，于古史中亦注意其有影响于现今政教潮流者。由历史事实的启示，研讨政治社会改革的途径，务使历史事实与现代问题发生密切的关系"[2]。这样的规定，强调历史和现实的联系，强化历史课程的政治、社会功能，与清季民初之时对历史课程的要求有异曲同工之妙。具体到戊戌维新的历史，则于《课程标准》下的"教材大纲"中单列"戊戌变法与失败"一条，乃为教科书必写之内容。此后的1932年、1936年、1940年国民政

---

[1] 高博彦：《中国近百年史纲要》上册，文化学社民国十七年（1928年）版，第201—212页。

[2] 《高级中学普通科本国史暂行课程标准》，《20世纪中国中小学课程标准·教学大纲汇编：历史卷》，第30页。

府教育部都对《课程标准》有所修订完善,但有关历史课程的要求未做大的变动,仍是突出其所具有的政治、社会功能,现实色彩和应用色彩颇为浓厚。在如此背景下,关联着社会现实并有助于"研讨政治社会改革的途径"的史实,当然更受重视,而戊戌维新恰是这样的历史。所以在国民党统治的二十余年中,历史教科书对戊戌维新的书写达至空前的程度,较之以往,不仅篇幅更长,细节描绘得更多,而且视野也更开阔,分析也更深入,康有为的个人图像亦出现于书中。在《复兴高级中学教科书·本国史》中,编者吕思勉认为:"当时的维新运动,可以分做两方面:一是在朝,一是在野。在朝一方面,清德宗虽然无权,但其为人颇聪明,颇有志于变法自强,特为太后所制,不能有为。在野一方面,则有南海康有为。他是个深通旧学,而又讲求时务,很主张变法的。"[1] 吕思勉即是基于朝野的互动和配合来探讨这个运动的。在《高级中学本国史》中,编者罗香林非常重视康有为所立强学会在言论思想和集团结社方面所发挥的作用,说

---

[1] 吕思勉:《复兴高级中学教科书·本国史》下册,商务印书馆民国二十三年(1934年)版,第106页。

强学会后来虽被封,"但其时士气既张,沛然莫御,四方类于强学会之组织,前后继踵,凡数十起……皆以变法自强为目的,亦当世志士所倡也"[1],认为这为变法奠定了广泛基础,做了重要准备。在《初中本国史》中,编者杨人楩强调戊戌维新之发生的政治、社会条件,即康有为变法前屡次上书和组织强学会、发行《强学报》等产生的政治、社会影响,说:"有为的变法主张,虽没有被清室采用,但在官僚和士大夫里面却取得一部分人的信仰。""后来各省继强学会而起的,广东有粤学会,上海有蒙学会,湖南有南学会,苏州有苏学会,湖北有质学会,桂林有圣学会,陕西有陕学会,都极力主张维新变法。而谭嗣同诸人所主持的南学会和时务学堂,其影响更大。至于官僚方面,像礼部尚书李端棻、户部侍郎张荫桓、侍读徐致靖、御史杨深秀、给事中高燮曾、内阁候补侍读杨锐、刑部候补主事刘光第、内阁候补中书林旭、湖南巡抚陈宝箴及其子三立、湖南臬司黄遵宪、湖南学使徐仁铸诸人,都可以说是有为的同志。这样一来,在光绪二十四年(戊

---

[1] 罗香林:《高级中学本国史》下册,正中书局民国二十四年(1935年)版,第50—51页。

戌年）的春夏间，维新变法的空气，便异常浓厚了。"[1]在这样的背景铺垫下，该书进而对戊戌变法及其失败过程予以了详细描述和分析。类似的教科书当时还有数十种，率皆将戊戌维新的历史作为书写重点。

可以说，历史教科书对于戊戌维新及康有为的叙述，有个由隐至显的历程：清季尚属敏感话题，只能不写或简单地一笔带过；民初虽突破禁区，予之以正面评价，但史实层面未做过多扩展，仍较简略；直到1922年学制改革后的叙述，才在篇幅上大大超越此前，对史实的把握和价值的判断，也都细化、深化了许多；1928年国民政府成立后的书写，则在以往基础上达至高峰，不仅篇幅更长，而且视野也更开阔，分析也更深入。

（二）

综观民国时期历史教科书对戊戌维新及康有为的叙述，一些设计具有一致性，大的观点也颇统一，这

---

[1] 杨人楩：《初中本国史》第3册，北新书局民国二十三年（1934年）版，第126—127页。

自然是源于教科书的特殊性质。同时在某些历史细节的考察上，则各有千秋，有的书所做的学术考证其水准不亚于学术著作。不管是趋于同一的宏观架构，还是具体的史实考辨，民国时期历史教科书的此类书写，实际是对维新变法的历史做了一个基本定位，这当然对戊戌维新及康有为的研究产生了重要影响，在戊戌维新及康有为研究的学术史上应占有一席之地。

就叙述框架而言，当时的历史教科书比较普遍地将晚清的"维新运动"视作一个整体，将其作为"章"或"课"的名称，而把戊戌变法作为其中的核心内容。有编者对"维新运动"界定曰："清末的'维新运动'是我国近代史上的一大变革，这种运动，是少数卓具远见的士大夫，鉴于故步自封不能抵抗不断的外来侵略，因而主张接受西洋文化，以谋革新的自强运动。它的演进，以其注意点的不同，可以分为'洋务'和'变法'两大时期。前者是维新的开端，著重物质科学的模仿；后者是维新的主体，著重政治文化的改革。"[1] 也就是说，"维新运动"即"自强运动"，包括洋务运动和戊

---

[1] 聂家裕：《初级中学历史》第4册，国定中小学教科书七家联合供应处民国三十五年（1946年）版，第81页。

戌变法两项内容，戊戌变法是"维新的主体"。在具体讲戊戌变法的"节"或"课"中，则以"戊戌政变"或"戊戌变政"的名目出现较多。

既然"维新运动"是一个整体，洋务运动和戊戌变法分不开，教科书编者于是普遍拥有较为开阔的视野来书写戊戌维新的前因后果。在他们眼里，戊戌维新之所以开展，缘于"著重物质科学的模仿"之洋务运动的失败。罗香林在《高级中学本国史》中的一段话颇具代表性，他说："（曾国藩、李鸿章等）先后所筹办之洋务，有学校，有工厂，有轮船，有电线，有铁路，有矿务，聘客卿，练新军，不一而足，无非以练兵筹饷、巩固国防为目的，所注意者，只在物质方面，而政治方面，其泄沓如故也。证甲午之战，举多年之惨淡经营，一扫而空，国人受重大刺激，渐知良好之物质文明，只能存在于良好政治环境之下，政治腐败则物质文明，亦将受其拘束，而不能自由发展，于是从前之物质文明运动，遂变为政治改革运动，于是有康有为主干之维新运动出焉。"[1] 这段话所表述的认识，

---

[1] 罗香林：《高级中学本国史》下册，第49—50页。

业已成为民国时期及其后研治中国近代史者的共识，为熟悉中国近代史话语体系者所共知，可见其生命力。至于戊戌维新失败所导致的后果，教科书一般强调两个方面：一是引发了义和团运动，二是导致反清革命运动的兴起。只不过民初的教科书讲义和团多些，认为变法失败使得"清廷政权又握于顽固守旧派之手，遂酿成拳匪之乱"[1]。此后的教科书则相对更重视反清革命因之而起，强调"自戊戌六君子被杀，康梁遁逃海外，一般人始恍然于清廷之不可以有为，孙文等革命思潮，遂澎湃怒发而不可遏"[2]。"经过这次政变后，全国的青年智识分子，都受了很大的刺激，急进的跑到中山先生所代表的左翼方面，从事推翻清室的革命工作。而反动的旧臣，则更趋于反动，激起以后的义和团事件。"[3] "政变以前，风气未开，革命之说，人人畏之如洪水猛兽，故一时君宪派大得权势，加以德宗锐意变法，人民方引领望治，革命潮流，因而不得畅行。

---

[1] 章嵚、丁锡华：《新制中华历史教科书》九，第8页。

[2] 孟世杰：《新标准高级中学本国史》下册，文化学社民国二十六年（1937年）版，第384页。

[3] 杨人楩：《初中本国史》第3册，第129—130页。

及政变既起,国民始恍然于清廷之不能有为,革命思潮遂澎湃不可复止。"[1]这种对维新失败引发革命潮流兴盛的书写,显然是基于维新变法系反清革命胜利之必不可少的前提的考量,与其时的统治当局国民党的主流价值观相关。作为反映国家政权意志的基础教育历史教科书,当然要为反清革命和建立民国的合理性、合法性背书,并强调孙中山领导革命的正统地位和巨大贡献。与此同时,这样的论述,也为学术界所接受和认可,并在其后产生广泛影响。

具体到戊戌维新所涉的人物和事件,教科书基于其基本属性,一般力求客观描述,但字里行间仍不乏价值判断,且对一些疑难之处也做了相应考辨。康有为自是最被关注的,然其形象也有个逐渐清晰的过程。清季民初的教科书记载戊戌维新的过程时,大多像记流水账,康有为只是其中的一个发挥作用的人物而已,其个人信息不充分,所发挥的作用也非特别彰显,文字上所占分量亦不及光绪皇帝和慈禧太后。五四新文化运动之后以及国民党统治期间的教科书才将康有为

---

[1] 高博彦:《中国近百年史纲要》上册,第208页。

作为叙述重点。值得注意的是，这些教科书不仅对康有为发动和参与戊戌维新的全过程进行了系统梳理，而且力求避免平面化的简单叙述，更在康氏维新变法主张的学术、思想背景上下功夫。如在顾颉刚、王钟麒所编的《现代初中教科书·本国史》里，专门把康有为主张维新变法的学问背景揭示出来，说："维新党的领袖是康有为，他本是个今文学家，据他自己说，他是相信《春秋》三世——据乱、升平、太平——之义的，以为汉以来的治法只是个小康之法，孔门另有大同之义，所以他能决然主张变法。"并专门注释道："康有为的能够决然主张变法，在他所著的《春秋董氏学》里很可看出他的意思。他既著《新学伪经考》攻驳古文，又作《孔子改制考》，说孔子并不'宪章文武，祖述尧舜'，只是托古改制，于是他的变法主张找到了强有力的根据了。"[1] 作为初中教科书，把康有为的学术和思想观念进行如此揭示，可谓已有相当的深度。在聂家裕所编的《初级中学历史》里，侧重介绍康有为兼取中西学之长以助维新变法的思想背景，说："他

---

[1] 顾颉刚、王钟麒：《现代初中教科书·本国史》下册，第76、81页。

是个深通旧学的今文经学家，平日治学，特别注重我国政治制度的沿革及一般所谓经世致用之学。他见上海、香港西洋人地方行政的整齐，立刻领悟这种有系统的行政必有它的文化作背景，因此他就开始研究西洋文化，更进而求政治的改革。同时他又深知孔子是我国思想的中心，他便从孔子学说中觅取变法的根据，以便镇压反对变法的士大夫。"[1]在《高级中学本国史》里，编者罗香林也非常强调康有为的地位——"维新运动与戊戌政变"章中所附的唯一一幅图像，便是康有为的照片；在介绍康有为生平时评价道："有为为人，卓荦有大志，好盱衡时事，嗜读西学译本，颇知世界大势。"[2]以此为基础，他进而彰扬康氏所立强学会在言论思想和集团结社方面对维新变法所起的表率作用。这些叙述和评价，使得康有为成为戊戌维新的主角，其形象的重要性超越了光绪皇帝和慈禧太后。

对于光绪皇帝和慈禧太后，整个民国年间教科书的描写都没什么大的变化。光绪被誉为大力支持变法的贤能之君，"德宗颇贤明，徒以压于太后，不能有

---

[1] 聂家裕:《初级中学历史》第4册，第85页。
[2] 罗香林:《高级中学本国史》下册，第50页。

所作为，及既亲政，首思变法自强，亦可谓有志者矣。……维新之说，其势力渐及于政界，德宗遂毅然用之，而变法之事起矣"[1]。"时清帝载湉，青年有为，锐意变法。"[2] 类似表述，所在皆有。至于慈禧太后，则被塑造为黑暗腐败政治的总代表，"慈禧当国，信任群小，尤以宦官李莲英为最得宠，淫乐骄奢，贿赂公行。德宗虽有亲政之名（光绪十五年），大权仍在慈禧之手，官吏皆循资格而进，其贤者心思智虑，无非一统之旧说；愚者贵倨自喜，实便尸位之私图。内政腐败如此，焉能不激起维新志士之奋发！"[3] 此种忠奸对立、好坏分明的形象塑造和价值判断，在教科书这类教育学生、引导民众的普及性作品中出现，自然会产生比较广泛的影响。

除人物外，戊戌维新中的一些具体事件和情节也为教科书所关注。如康有为、梁启超在后来的回忆中非常重视的"公车上书"，教科书多有描述，只不过起

---

[1] 汤存德：《新制中华高等小学历史教科书》第9册，中华书局民国二年（1913年）版，第21页。
[2] 罗香林：《高级中学本国史》下册，第51页。
[3] 高博彦：《中国近百年史纲要》上册，第201—202页。

初重视不够，有的教科书甚至未用"公车上书"一词来谈该事件。到民国十三年（1924年）顾颉刚、王钟麒所编《现代初中教科书·本国史》下册问世时，已对该事件较前重视，而且对史实做了考订，书中说："中日之战将要讲和的时候，有为恰在京会试，便联合各省公车赴试的举子一千三百余人上书请迁都续战，并陈通盘筹画变法之计。"并注释道："这书草就后，在北京宣武门外杨继盛祠的谏草堂会议传观，预备递呈都察院代奏（那时士民上书，例须由都察院代为陈奏，不能直接投递）。后因中日之约已盖宝交换，并未上呈，但把原草印行，附以此事本末的说明，便是现在流传的《公车上书记》。这书里面，于新党的主张怎样，很可考见一些大纲。"[1] 之后出版的高博彦《中国近百年史纲要》也在注释里说："光绪二十一年（一八九五），康有为及其弟子梁启超赴京会试，适值中日战后讲和，乃拟联合各省公车赴试举子千三百余人上书，请迁都再战，并陈通盘筹画变法之计。是书经康草就后，在北京宣武门外谏草堂传观，拟递呈都察院代奏。会《马关

---

[1] 顾颉刚、王钟麒：《现代初中教科书·本国史》下册，第76、81—82页。

条约》已盖章交换，遂未上呈；因以原草刷印，附以此事本末说明，是即世所流传之《公车上书记》是也。"[1] 这样的表述已很明确地说明了一个事实，即由于中日《马关条约》已经签订，光绪帝已批准盖章，"公车上书"并没有呈给都察院代奏，上书一事实际上是流产了。当时的教科书编者没有轻信康、梁事后所写的文字，而是经过自身的研究考订得出了为现今学者也认可的结论，这一点实在难能可贵。再如对袁世凯是否告密的说法，各书记述则有不同。有的教科书说光绪皇帝"苦于手无寸柄，乃特擢袁世凯为侍郎，专任练兵，其实暗地里是借他自卫的"。但关于随后的情形，只是说"革职礼部尚书怀塔布和御史杨崇伊等也已密往天津见荣禄，商量收拾德宗和新党了。荣禄本是太后的戚党，听了一面之词，便檄调聂士成兵驻天津，董福祥兵驻彰仪门外，布置一切。又调袁世凯赴天津，自己便乘专车进京，与怀塔布、杨崇伊等径奔颐和园上奏，仍请太后训政"，[2] 并未讲袁世凯有告密之举，表现了审慎的态度。多数教科书则在叙述光绪擢拔袁世凯为侍

---

[1] 高博彦：《中国近百年史纲要》上册，第 209 页。
[2] 顾颉刚、王钟麒：《现代初中教科书·本国史》下册，第 78 页。

郎专任练兵以利变法的同时，主张袁随后向荣禄告密一说，比较典型的如杨人楩《初中本国史》中的描述："（谭）嗣同便去游说世凯，叫他在天津阅兵时，'保护圣主，复大权，清君侧，肃宫廷'，世凯答允照办。谁知他又跑到天津，把这秘密告诉荣禄，荣禄因此到北京准备政变。"[1]其他各书虽在细节描绘上略有区别，但基本判断是一致的。这种对具体事件和情节的描述与分析，以及不同的见解，体现出教科书的学术水准。

可以说，民国时期历史教科书对戊戌维新及康有为的叙述，具有鲜明特色。一方面，在叙述框架和宏观架构上，一致性较为突出，但也绝非千篇一律；另一方面，在具体内容的表述上，特别是对康有为等人物和重要事件，则有细节描绘和学术考察，且各有千秋，有的书具备较高的专业水准。

（三）

有关戊戌维新及康有为的研究，民国年间的学术

---

[1] 杨人楩：《初中本国史》第3册，第129页。

成果并不多，所以历史教科书编者所能依凭的学术成果有限，民国初年的教科书甚至全无依凭。这种背景下，教科书的内容叙述和价值判断所产生的影响，特别是其基本构架甚至会反过来规范专业研究的情形，就很值得关注了。

纵观民国学界对戊戌维新及康有为的研究，学术著作基本是在五四新文化运动之后才出现的，最早的大体为1924年出版的李泰棻《中国近百年史》和1926年出版的孟世杰《中国最近世史》，其中都有专章介绍维新变法的史实。进入30年代后，又有以蒋廷黻《中国近代史》为代表的更多的中国近代史著作问世，各书皆对维新变法有诸多论述。对于历史教科书编者而言，这一时期编撰相关内容时，这些著作自然可资借鉴，事实也正是如此，何况这些著作在体例上也类似教科书。可在1924年以前问世的教科书，就没有这样的依凭了，维新变法内容的基本框架要靠自己搭建。如前所述，在李泰棻等人的著作出版之前，教科书对戊戌维新历史的书写，无论是史实的把握，还是价值的判断，基本架构和格局都已成型。实际上，这反过来是为相关的学术研究奠定了根基，从当时和此后戊戌维新及康有为学术研究成果的取向、框架、观点、内容等方面来看，也恰是如此。这里有一显例。陈寅恪先生曾对戊戌维新有所议论，称"当时之言变法者，盖有不同之二源，未可混一论之也"。其一为"历验世务欲借镜西国以变神州旧法者"，如陈宝箴、郭嵩焘等人；其二为"南海康先生治今文公羊之学，附会孔子改制以言变法"者。二者"本自不同。故先祖先君（按：指陈宝箴、陈三立）见义乌朱鼎甫先生一新《无邪堂答问》驳斥南海公羊春秋之说，深以为然"。[1]但从民国学界乃至后来对戊戌维新的认识来看，以康有为一方为中心叙述这段历史似为常态，而作为变法另一源头的"历验世务欲借镜西国以变神州旧法者"，则长期处于从属地位，其作用也未得到应有的重视。这种以康有为一方为中心叙述戊戌维新历史的经典话语体系，其建立显与民国历史教科书相关。在没有多少研究成果可依凭的时代，教科书编者往往只能从一般史料中寻找史实依据，这从当时教科书里戊戌维新章节后面所列的主要参考书中可见端倪。最为普遍的参

---

[1] 陈寅恪：《读吴其昌撰梁启超传书后》，《寒柳堂集》，上海古籍出版社1980年版，第148—149页。

考书是两部：一为梁启超《戊戌政变记》，二为左舜生选辑《中国近百年史资料》。有的教科书在《中国近百年史资料》书名后还专门标出用的是其中的"袁世凯戊戌日记，梁启超记南海先生出险事"。[1] 很明显，梁启超的《戊戌政变记》以及相关记述，会对教科书编者阐发这段历史产生重要影响。在《戊戌政变记》中，梁启超详细叙述了维新变法的全过程，描写了康有为如何因力主变法受到光绪帝赏识而一跃成为其倚重之能臣，慈禧太后如何处心积虑谋废光绪帝发动政变等事，塑造出康有为力主变法却惨遭"顽固派"迫害的维新变法领导者的光辉形象。所以该书被认为是"建立了一个以康有为为领袖和主线的戊戌维新运动宏观叙述框架"，奠定了以康有为为中心的戊戌维新史实构建的基础。[2]《戊戌政变记》是第一部对戊戌维新从整体上进行描述的作品，又是梁启超以亲历者身份所撰就，自然引起极大关注，所述事实和价值判断也就

---

[1] 高博彦：《中国近百年史纲要》上册，第212页；罗香林：《高级中学本国史》下册，第55页。

[2] 戚学民：《〈戊戌政变记〉的主题及其与时事的关系》，《近代史研究》2001年第6期。

成了戊戌维新论述的母本，民国历史教科书的相关书写也正是基于此。很难苛求当时的教科书编者能意识到《戊戌政变记》作为梁启超遭清廷通缉流亡日本期间的作品，既带有浓重的情感色彩，还蕴涵重要的现实政治意图，而非单纯的历史作品。无论如何，教科书认同并推广的这样一种维新历史书写和康有为形象塑造，建构起了以康有为一方为中心叙述这段历史的话语体系，影响到当时的学术研究，并为后世所沿用，此一现象是需要引起学界关注的。当然，一些教科书的编者如顾颉刚、吕思勉、杨人楩、罗香林、孟世杰等本身也是学者，他们在建构教科书体系的同时，也在为中国近代史研究体系的建立而出力；教科书中有关戊戌维新及康有为的话语构建，亦可视作一种学术努力。

应该说，对于民国时期历史教科书所构建的戊戌维新史实，所塑造的康有为形象，还有很大探讨空间；特别是对教科书所奠定的相关框架和建立的话语体系，规范乃至影响了当时及此后的学术研究的现象，尚需深入研讨。

民国时期中学历史教育的嬗变：
以历史课程标准的变迁为核心

在传承和发展人类文明方面，历史教育起着不可替代的作用。中国古代的历史教育往往是由家庭、社会、学校（如村塾、社学、书院等）共同承担，近代以来，特别是清季民初以来，随着效仿西方的新学制的出现与逐渐完善，各级各类学校更多地在历史教育中唱起了主角，换句话说，历史教育的功能主要体现在学校的课程上。历史教育的重要性既然不言而喻，那么对历史教育本身的发展历史，尤其是对与今天息息相关的近代以来学校历史教育的发展史进行一系列深入细致的研究，其意义也是无须过多言说的。

中国大陆的民国史研究至今已走过了数十年的历程，各个方面成果丰硕。不过毋庸讳言，薄弱环节也甚为明显，如对民国教育的研究，便颇为不足，尽管也出版了一些这方面的著作，[1]但基本是以笼统叙述为主，相对缺乏深入细致的问题探讨，具体到学校历史教育，特别是中等学校的历史教育问题，则基本语焉不详。鉴于此种情形，这里以民国北京政府和南京政府先后数次颁布的历史课程标准为核心，通过分析它的基本内容与要求，折射民国时期中学历史教育的嬗变历程，力求对民国史研究的薄弱环节有所弥补。

（一）

中国新式学制的建立，始于1904年初，即癸卯学制的施行。清政府在此时颁布的《奏定中学堂章程》，规定中学五个年级均开设历史课，并对讲授内容和次序都提出了较具体的要求。从此，中国的学校历史教育走上了近代的轨道。

1912年初，民国刚一建立，南京临时政府教育部

---

[1] 关于民国教育史方面的代表性著作主要有李华兴主编《民国教育史》（上海教育出版社1997年版），申晓云主编《动荡转型中的民国教育》（河南人民出版社1994年版），毛礼锐、沈灌群主编《中国教育通史》第5卷（山东教育出版社1988年版），等等。

便公布了《普通教育暂行课程标准》，明确以"课程标准"[1]作为教育的指导性文件。从此，"课程标准"一词沿用了四十年（时而也用"课程纲要"一词），直至1953年学习苏联做法着手制定"教学大纲"为止。

就历史教育而言，尽管有了"课程标准"，[2]但因民国初创，百废待兴，还来不及细细规划，所以大的方面基本沿袭了清季的学堂章程，未做根本性的变革。如在课程的设置上，《奏定中学堂章程》规定，中学堂一至五年级皆开历史课，讲授内容是中外通史，讲授次序是先中后外，"先讲中国史"，"次讲亚洲各国史"，"次讲欧洲、美洲史";[3]《中学校课程标准》亦同样规定，中学校四个学年（按：1912年起民国政府推行"壬子—癸丑学制"，规定中学为四年制）皆开历史课，也是讲授中外通史，并遵循先中后外的原则，按"本国史"（上古、中古、近古、近世、现代）、"东亚各国史"、

---

[1] 所谓"课程标准"，即是规定中小学的培养目标和教学内容的文件。

[2] 除1912年初公布的《暂行标准》外，1912年底和1913年3月民国北京政府又先后公布了《中学校令施行规则》《中学校课程标准》，对历史教育也做了若干规定。

[3] 《奏定中学堂章程》，《中国近代教育史资料汇编·学制演变》，第321—325页。

"西洋史"的次序授课。[1]而且民国初年的历史教科书也未更张，基本是对清季所编教科书略加修订而用之。当然也非所有东西皆一成不变，课程目标上便有所区分：清季注重"发明实事之关系，辨文化之由来，使得省悟强弱兴亡之故，以振发国民之志气"[2]，民国之初则强调"历史要旨在使知历史上重要事迹，明于民族之进化、社会之变迁、邦国之盛衰，尤宜注意于政体之沿革，与民国建立之本"[3]。不过总体而言，民初的中学历史教育还未形成自己的特色。

民国时期的中学历史教育真正走上自己的轨道是在1922年学制改革之后。清季的癸卯学制和民国建立之初的壬子—癸丑学制是一脉相承的，大体皆以日本学制为楷模而订立。而在1919年前后的五四新文化运动时期，中国教育界出现一股学习西方教育的热潮。取法的重心，从日本转向美国。这一转变，基于

---

[1] 《教育部公布中学校课程标准》，《中国近代教育史资料汇编·学制演变》，第718页。

[2] 《奏定中学堂章程》，《中国近代教育史资料汇编·学制演变》，第321页。

[3] 《教育部公布中学校令施行规则》，《中国近代教育史资料汇编·学制演变》，第669页。

多方面因素，最关键之处是在新文化运动反对专制、培养共和国民的思想氛围下，中国知识分子更倾向于以个性解放、人格独立为主体的自由主义、民主主义教育。与强调纪律、服从和无条件忠诚的日本教育相比，美国教育更具备自由主义、民主主义精神，而且以美国方式为主的多层次、多系统、多渠道办学的灵活的学校制度，也更适合中国幅员辽阔、地区发展不平衡的多种需要。所以，经过教育界和社会各界较充分的讨论与论证，以及美国教育家孟禄等人的参与推动，1922年北京政府颁布施行了新学制——壬戌学制。

壬戌学制从儿童和青少年身心发展的基本状况出发，在中小学采用美式"六、三、三"制，即小学修业年限为六年，初中为三年，高中为三年。中等教育实行分科制和选科制。"初级中学施行普通教育，但得视地方需要，兼设各种职业科。""高级中学分普通、农、工、商、师范、家事等科。但得斟酌地方情形，单设一科或兼设数科。"[1] 这种教育体制兼顾了人才教育和就业教育的需要，促进了学校教育与社会需求的

---

[1] 朱有瓛主编：《中国近代学制史料》第3辑下册，华东师范大学出版社1992年版，第806页。

对接，体现出美式学制注重教育的实用性的特色。为适应这一变化，中学历史教育也做了相应的调整，从以往注重历史知识全面性和系统性的通史教学，转为关注人类生活状况变迁和文化演进的专史教学。由常乃惪起草、北京政府1923年颁布的《初级中学历史课程纲要》明确规定，讲授历史的目的首先是"研究人类生活状况之变迁，以培养学生适应环境、制御天然的能力"。而且课程内容是以中外历史合编的专题形式呈现，"中学历史，向分本国史世界史二部。今为使学生明了世界人类生活共同演进状况，打破关于朝代国界的狭隘观念起见，初中历史编制宜取混合主义，以全世界为纲，而于中国部分，特加详述，使学生对于本国历史，得因比较而益审其在世界史中之地位，似较分授之制为善"[1]。由徐则陵起草、1923年颁布的《高级中学公共必修的文化史学纲要》指出："文化起

---

[1]《初级中学历史课程纲要》，《20世纪中国中小学课程标准·教学大纲汇编：历史卷》，第14页。常乃惪还在《新制初级中学历史课程编制之一得》一文中进而解释了合编的理由：一是历史的事实是互相联系的，二是中国历史在世界上自有其伟大的价值，三是现今讲授中外历史课时不免畸重畸轻。转引自余伟民主编：《历史教育展望》，华东师范大学出版社2002年版，第45页。

于人心与自然的环境，及社会的环境之互感，其功力则出于观念之实现与开展。""世界文化资料，可分为五类（宗教的、知识的、经济的、社会的、政治的），研究之途径有四（活动、状况、关系、组织）。"总括为"生活一体"。并强调"本学程以说明世界文化之性质，及现代文化问题为主旨"。"本学程以领会现代为归宿。"正由于讲授世界文化史是出于掌握"生活一体"的观念，"以领会现代为归宿"，所以课程编排的原则是"宜用重要潮流,统率史事,无取乎博而寡要"。[1] 故亦采中外合编方式以专史呈现课程内容。可见此时中学历史课程的设置完全遵循学制改革的精神，一方面向注重教育实用性的美式课程靠拢,[2] 另一方面则力求有所创新，打破清季以来历史课中外分编、通史讲授的固有格局。

1922年学制改革前后，正是新文化运动达至高潮之际，白话文开始深入人心，这也带动了中学历史

---

[1]《高级中学公共必修的文化史学纲要》,《20世纪中国中小学课程标准·教学大纲汇编：历史卷》，第16—17页。

[2] 历史课程在中学具体实施时，采用学分制，而且初中历史为社会科（公民、历史、地理）之一，这些都体现了美式教育特色。

教科书的更新。此前的历史教科书皆为文言，如清末时使用的横阳翼天氏《中国历史》、夏曾佑《中国历史教科书》等。民国初建时也仍采用，基本没有大的变化。直到1920年商务印书馆出版了吕思勉所编《自修适用本国史》，才开启白话文编写历史教科书的先河。1923年，傅运森按照北京政府新颁布的《课程纲要》，编写出将中外历史合为一体的教材；该书打破"朝代""国界"的旧习，"从人类文化上演述变迁的情形"，推进了中学历史教育的发展。

1922年的学制改革，是北京政府在教育上的重大举措，大体适应了中国社会的实际状况，从而使民国学制基本定型，但同时亦存在某些缺陷，所以才有1927年南京政府成立后所做的调整。同样，历史课程的设置也非十全十美，1927年后不得不又做调整。

（二）

1927年4月南京政府成立后，在学校系统方面承袭了1922年新学制的规定。1928年5月，国民政府在南京召开第一次全国教育会议，重新制定了《中华民国学校系统》。相应地，中学历史课程随后也做了调整。

与1922年的新学制相较，南京政府此次颁布的《中华民国学校系统》可谓萧规曹随，只是局部微调。不仅如此，后来国民政府教育部陆续订立的各级学校组织法及学制系统，也是在1922年学制大框架不动的前提下，对其具体实施做一些变通而已。在中等教育领域，变通的主要措施是对1922年学制中的综合中学制与选科制进行了调整。1922年学制对中等教育段的设计是以发展青年身心、培养健康国民为基础，承担升学与就业训练两大任务。南京政府教育部继承了这一目标，但又强调必须提高教育效果及学科标准。这样就出现了两个问题：一是1922年学制中实行的综合中学制，集普通科、师范科、农科、工科、商科、家事科等于一校，师资、管理、设备上都泛而不专，杂而不精，很难贯彻提高教育效果和学科标准的办学原则；二是依据这一办学原则，中等教育必须加强基础训练并提高课程程度，而1922年学制规定的学分制与选科制，虽能调动学生学习的主动性和积极性，但同时也有分散学生注意力甚至削弱基础学科的负面影响。鉴于这些因素，1929年，南京政府教育部宣布废除高级中学普通科文理分组办法。1932年又颁布《中学法》《师范学校法》《职业学校法》，将三种不同类别的中等学校分别单独设立，在普通中学初中、高中两段全部取消学分制，实行学时制，在高中阶段取消选修课，加强基础课。[1]此后，教育部又对中学学制有过几次局部修改，以适应时局变迁和时代发展的需要，但这些修改皆无关宏旨。可以说，中学学制在20世纪30年代已大体稳定下来。

学制的调整与改变，必然带来各科课程的变化。所以，1929年起，中学历史课程标准几经修订，以适应学制的更新和时代的需求。

1929年，教育部颁布了《初级中学历史暂行课程标准》《高级中学普通科本国史暂行课程标准》《高级中学普通科外国史暂行课程标准》，以回应1928年《中华民国学校系统》的有关新规定和1929年废除高级中学普通科文理分组的决定。与北京政府1923年颁布的《课程纲要》相比，此次颁布的《暂行课程标准》有

---

[1]《第二次中国教育年鉴》第2编，台湾正中书局1974年版，第34—36页。

相当大的变动,某种程度上是向清末民初的课程设置回归,即仍是要求学生系统地学习中外通史,只是在课程编排上加大了学习强度。以往是在五年或四年的中学学段内,本着先中后外的原则,直线式学完中外通史;此次则是循环式设课,初中阶段先学习一遍中外通史,高中阶段再深入系统学习一遍,以此强化学生对历史知识的掌握。这样做,自然是与南京政府提高教育效果和学科标准的办学原则相吻合。不仅如此,在课程目标上也有了更全面的规定,如初中阶段的目标共有七条,涵盖了让学生了解中外历史上政治、经济、学术文化、科学等方面变迁概况的基本要求,以及在了解史实基础上激励学生进步向上的基本目的,尤其强调"研求中国政治经济变迁的概况,说明近世中国民族受列强侵略之经过,以激发学生的民族精神,并唤醒其在中国民族运动上责任的自觉","研求重要各国政治经济变迁的概况,说明今日国际形势的由来,以培植学生国际的常识,并养成其远大的眼光与适当的国际同情心。但同时仍注重国际现势下的中国地位,使学生不以高远的理想,而忽忘中国民族自振自卫的必要"。[1]高中阶段的课程目标共有十条，对学生基本知识的掌握、历史意识的培养等方方面面在初中基础上提出了更高的要求，如需了解"民族的分合，政治制度的沿革，民生经济的利病"，"养成'无征不信'的态度，随时提出历史上未解决或可疑的问题，讨论其真伪或其影响，以培养学生自由研究的习惯"。[2]与1923年的《课程纲要》相较，这一课程目标要全面宽泛得多，既有当年那种注重教育实用性的色彩，又增加了大量新的对学生基本知识、基本理念、基本能力的要求，符合历史学科的特性，是一个进步。

1932年，伴随着《中学法》等教育法令的施行，教育部颁布了正式的《初级中学历史课程标准》和《高级中学历史课程标准》。这两个标准是对1929年的《暂行课程标准》予以修订后颁布的，其中高级中学部分是把原有的本国史课程标准和外国史课程标准做了合

---

[1]《初级中学历史暂行课程标准》，《20世纪中国中小学课程标准·教学大纲汇编：历史卷》，第21页。
[2]《高级中学普通科本国史暂行课程标准》，《20世纪中国中小学课程标准·教学大纲汇编：历史卷》，第30页。

并。与暂行标准相比，正式标准并无根本性的变化，只是相对有所简化，如课程内容的条目略为减少，课程目标的叙述更为精练。但基本要求并未降低，仍是本着先中后外的原则在初、高中六年里皆开历史课，而且还是循环设课，初、高中各学一遍中外通史；对学生在历史意识、国际意识以及研究能力等方面的培养上，也是一如既往地予以强调。应该说，简化后的正式标准是对经三年试用的《暂行课程标准》的完善，符合《中学法》设置单科制中学、课程力求专精的理念。

1932年之后，教育部又对各科课程标准做了几次修订。首先是1936年再颁《初级中学历史课程标准》和《高级中学历史课程标准》。这两个标准与1932年的标准几完全一致，仅在个别字句和极少的内容上有调整。接着1940年又出台《修正初级中学历史课程标准》和《修正高级中学历史课程标准》。这两个标准是在抗日战争的危亡时期颁布的，所以带有浓重的战时色彩：一是在内容上虽仍授中外通史，但总程度有所降低，且增加了中国史的分量与授课时数，相应减少了外国史的分量与时数，中国史所增加的内容多与"抗战建国"相关；二是课程目标有浓厚的现实色彩和应用色彩，如在高中阶段，强调通过对历史的讲授，"使学生对于中华民族有整个之认识与爱护"，"启示学生复兴民族之途径，及其应有之努力"，"策励学生研讨世事，探求科学，而努力于抗战建国之大业"[1]，初中的课程目标与高中的大体相同，只是在要求方面降低一些。1948年，教育部对历史课程标准再度修订，颁布《修订初级中学历史课程标准》和《修订高级中学历史课程标准》。由于抗战时期的流转迁徙，1940年的标准已在对学生的程度要求方面较以往降低，战后形势虽有好转，但亦未安定下来，所以此次的标准程度要求仍然不高，课程内容精简较多，而且初中阶段是采用中外历史混合讲授的形式，高中阶段虽仍为中外历史分别授课，课时却有所减少。在课程目标上，删去了以往的实用性内容，改以提出一般性的爱国家、爱民族和具有现代国际意识等方面的要求；不少提法与战前的标准颇为相似，只是大为简化。

---

[1] 《修正高级中学历史课程标准》，《20世纪中国中小学课程标准·教学大纲汇编：历史卷》，第83页。

纵观1929年以来中学历史课程标准的几番修订与颁布情形，可以看出，南京政府时期的中学历史教育，在课程编排、课程内容、课程目标等方面均有自己不同于北洋时期的独到之处，各个阶段里也有些各自的特色，但奠基性的课程标准，还应属1929年公布的三个《暂行课程标准》，后来的几个标准皆是对其的进一步完善。也就是说，1929年的《暂行课程标准》确立了中学历史课程的基本原则，后来者只是对此原则修修补补而已。[1]

（三）

从北京政府到南京政府，历史课程标准几经修订，带来中学历史教育的几度嬗变。就课程内容而言，是从通史到专史再到通史，表面上看似乎划了个圆

---

[1] 特别值得指出的是，历史学家何炳松先生对1929年《暂行课程标准》的制定做出了贡献。他1928年便与陈训慈共同起草出《初级中学历史课程标准草案》，为第二年订立《暂行课程标准》奠定了基础。而且他还依据课程标准，先后编出高中、初中所用的教科书《外国史》，由商务印书馆分别于1934年和1937年出版，为当时全国中学的外国史课程教学所普遍采用，极大推进了中学外国史教学的深入与发展。

圈，实则是一个螺旋式上升的过程，内中所涉及的知识体系、知识要素和知识点，都伴随时代的前进和学术研究的进展，出现一系列变化；就课程目标而言，除了基本的对知识、能力方面的要求外，每个时期还有结合时代特色所做的特殊要求，尽管这些要求大都流于泛泛而谈，但在某些时候，如抗战时期课程目标对"抗战建国"的强调，还是发挥了积极作用的。所以，无论北京政府，还是南京政府所颁布的历史课程标准，若从总体内容上考察，皆是值得肯定的。

问题在于历史课程标准实施的效果如何，即中学历史教育在民国年间的教育成效怎样，这恐怕是更值得关注的方面。

有一个事实大概是人所共知的，即中学生的数量在民国时期一直不多，如在校生人数最多的1946年，全国中学生共1 495 874人，仅占全国总人口数的近3‰。[1] 对于普通教育而言，教育对象如此稀少，在总人口中所占比例如此低下，自然无形中限制了其功能

---

[1] 参见李华兴主编:《民国教育史》，第807页。

最大限度的发挥。具体到历史教育的效果问题，也必须把这一事实作为前提和出发点来谈。

应该说，从北京政府到南京政府，教育主管部门在历史课程标准的编订、实施等各个环节上大都是认真负责的，常乃惪、何炳松等专家学者也为此付出了极大心力，使历史课程日趋完善。不过教育毕竟不是纸上谈兵，它是要在实践中取得成效的。教育对象的稀少，已使历史教育的功能打了折扣，而教学效果的不理想，更表明历史课程标准在具体实施中是不成功的。

在1924年发表的《救学弊论》中，章太炎说："近在上海闻有中学教员问其弟子者，初云孟子何代人，答言汉人，或言唐宋明清人者殆半。"[1] 1934年，吴晗发表《中学历史教育》一文，对当年大学入学考试的4000份中国史试卷进行统计分析，发现这些试卷没有一份是完全正确的，及格以上的大约只有1/4。"题目全部是极简易的常识测验"，但考生能答出"九一八事变"发生在哪一年的不到一半，尽管离事变发生还

---

[1] 章太炎：《救学弊论》，陈平原编校：《中国现代学术经典·章太炎卷》，河北教育出版社1996年版，第611页。

不到三年，二十四史能说出八种的也不到一半。所以他感觉到"具有本国通俗历史常识的高中毕业生寥寥可数"，并由此慨叹"中学历史教学的失败"。[1]1948年，李洁非发表《现阶段的历史教育》一文，指出"抗战以来，转徙流离之余，师未安教、士不悦学的结果，历史教育虽不时被强调着，可是匪（非）但不见有所改进，抑更有江河日下的趋势。作者近被邀阅浙省普通考试历史试卷，其中能辨朱陆异同者，百不得一二，二程且多指为程潜……毫无历史知识者，比比皆是"[2]。从这三篇先后发表在20、30、40年代的文章所反映出的情况看，中学历史教育的效果显然不佳，无论是北京政府时期，还是南京政府时期。

当然，导致中学历史教育不理想的因素很多，不完全是由历史课程标准造成的，历史教学理念、历史教材编纂、历史教学方法等的不足皆难辞其咎。不过，历史课程标准毕竟是中学历史教学的基本依据，标准

---

[1] 吴晗：《中学历史教育》，《独立评论》第115号，民国二十三年（1934年）八月二十六日。

[2] 李洁非：《现阶段的历史教育》，《教育通讯》第5卷第1期，民国三十七年（1948年）三月。

定得很完善，教育实践却近于失败，也就很难说标准是成功的。今天看来，这里有不少经验、教训可供总结，并能提供某种借鉴。

附录：概念史与历史教科书史的研究

近年来，清季民国时期所编纂的历史教科书颇为学界重视，已有不少研究成果问世，似已成为一个"显学"。但从研究现状分析，恐怕是量的累加较为突出，质的深入颇不理想，平面化的讨论总体较多，即除个别成果外，[1] 主要成果是关于教科书内容本身的探讨以及该内容和时代变迁、学术发展之关系的考察，多见重复劳动，这表明研究进入了平台期。如何深入下去，使研究水准再上一个台阶，成为一个值得关注的问题。从教科书文本的特性考察，引入概念史视角，借助概

---

[1] 如沙培德、孙江、黄东兰等学者从知识生产、话语转换、制度规训等视角和跨中、西、日文化的特质出发，将历史教科书在建构民族认同和近代中国民族国家，引导近代中国出现新的社会、文化、政治取向等方面的作用作为考察对象，所产生的系列研究成果，就达到较高的学术水准。

念史理论资源和方法手段来完善其研究，可能是下一步需做的关键工作。

众所周知，基础教育教科书，特别是历史这类人文学科的教科书不同于普通文本，它是知识生产、知识传播的特殊载体，也是学校历史教育的专门工具，承担着传播正统历史观、价值观以引导民众的功能，故而其内容既表达了编写者的立场，也反映了国家政权对待历史的态度。作为编写者与国家政权"共谋"的产物，教科书编写过程往往是学界与国家政权共同制造知识的过程，而且基于教科书的特殊身份，学界与政权实际是以它为载体在生产一种具有"合法性"和"权威性"的知识，并使之成为"常识"。当然生产过程也是双方博弈的过程，教科书可谓知识与权力的双重实践与表达的范本、"知识考古"的最佳材料。对于概念史研究而言，文本的选择至关重要。因概念史研究依托两个前提："一是历史沉淀于特定概念，并在概念中得到表述和阐释；二是这些概念本身有着自己的历史，走过不同的历史时期。概念史研究的雄心是，藉助被考察的概念，重构社会史的色彩缤纷的截面并以此呈现（整个）社会历史，为史学研究提供一种范式。"[1] 如此意义的概念史研究，当然需要对不同历史时期涉及国家政治、经济、文化、社会、军事、外交等领域的关键文本所体现的"主导概念"或"基本概念"进行分析，来达成自己的研究目标。历史教科书恰恰就是这样的文本，是概念史研究的最佳素材之一。

作为制造"常识"的文本，教科书运用什么样的词语来结构，自是关键所在。而从词语到概念的过程，在教科书的变迁中可看得非常清晰。从清季到民国，借助"新史学"的大潮和持续影响，历史教科书中的新词语不断出现，和中国"旧史学"的切割颇为明显。在这些词语演变为概念的过程中，往往会出现不同情形，导致概念化程度有异。若依一般的概括，"一定的社会、政治经验和意义积淀在特定的词语里并被表述出来后，该词语就成为概念"[2]。那些能被这样表述出来的词语，大体都是教科书编者与国家政权皆想让阅读者所接受的词语，其概念化程度相对较高，成

---

[1] 方维规：《概念史研究方法要旨》，黄兴涛主编：《新史学（第3卷）：文化史研究的再出发》，中华书局2009年版，第8页。

[2] 孙江：《序：概念、概念史与中国语境》，《亚洲概念史研究》第1辑，生活·读书·新知三联书店2013年版，第7页。

为反映时代的"主导概念"或"基本概念",而有些词语则没有如此的际遇。词语的概念化过程以及概念在不同语境下的转化,自然是概念史研究的本体,而这些都能在历史教科书文本中被充分展现。如"中华民族"一词,从现有资料看,清季率先使用者可能为梁启超。1902年,梁启超在《论中国学术思想变迁之大势》中提出并运用了"中华民族"这个词汇,但其内涵与我们今天熟知的"中华民族"有很大差异。从梁氏文章整体来看,其所谓"中华民族"指的是华夏族或汉族。1912年9月,中华书局出版的《中华中学历史教科书·本国之部》开始使用"中华民族"一词,书中既强调汉族是中华民族的主体,也说明其他各族与汉族共同构成中华民族实体。这一情形表明,"中华民族"一词在历史教科书中的首次使用,其含义即和梁启超所言有根本区别,反而与今日众所周知的"中华民族"概念大体一致。这反映出中华民国建立后新的时代语境下概念的转化。民国年间,"中华民族"概念在历史教科书中频繁出现,并与"中国民族"等词汇竞争。其最终胜出并定型,是在"七七事变"后严峻的民族危机情势下实现的,成为凝聚人心、团结全国各族人民共同抗战的象征词汇。[1]此一个案足以说明，引入概念史视角和方法，无疑使得历史教科书史的研究不再停留于平面化的状态，而是会丰富和深刻许多。

既然是"常识"的载体，教科书的编纂也必须符合科学化、通俗化的准则，其结构文本的词语需依据这样的准则来选用。相类似的是，有概念史研究者曾提出衡量20世纪基础概念的几个标准，其中亦有"科学化"和"通俗化"。如"侵略"一词，清末之人使用时并非全用于贬义，宋教仁当时曾欲著《汉族侵略史》，其留下的"叙例"表明该书是要彰显汉族开疆拓土的历史，鼓舞立志排满兴汉的革命党人实现理想，"侵略"被用为褒义。而在清末民初的历史教科书中，编者多用"侵略"一词揭示列强对中国的侵犯，表达"国耻"和"亡国"话语。渐渐地，"侵略"一词的使用固定下来，成为我们今日耳熟能详的所谓"科学化"和"通俗化"的概念，这实与历史教科书对之所做的科学化、通俗化的工作分不开。即此而言，概念史的分析手段，用在历史教科书史的研究上同样十分有效。

---

[1] 参见杨梅：《由"新名词"到"新概念"——民国历史教科书中"中华民族"一词的概念史解读》，《课程·教材·教法》2017年第8期。

不仅如此，作为一种特殊文本，历史教科书还受到时代语境和制度变迁的极大制约。如对于清朝历史的叙述，清季的历史教科书不仅重点书写，而且强调"本朝"认同；相较而言，民初教科书的清史叙述在很多内容上没有变化，最大的变化在于价值评判，其中认同问题最为关键，即民初教科书多在编写宗旨上注重民国认同，强调"民国肇造，五族一家。是编注重于统一国土，调和种族，务使已往之专制观念，不稍留存于后生心目之中"[1]。如此表述，既表明在民族、国家认同方面，教科书完全认同于实行五族共和的中华民国，又表明作为共和国的中华民国，不同于此前的专制政体，教科书应将专制观念从学生头脑中祛除。从清季到民初短短数年间的这种变化，充分体现出时代语境和制度变迁对于历史教科书文本的制约力量，其意识形态属性亦显露无遗。就概念史而言，往往视语境、制度、意识形态等因素为研究要件，所以选择历史教科书作为探讨的样本，在文化与政治的矛盾纠葛中，展示知识与权力关系的诸般面相，当能极大充

---

[1] 章嵚、丁锡华：《新制中华历史教科书》一，"编辑大意"第1页。

实概念史的研究空间。

总之,词语、概念、文本、语境、制度、意识形态等概念史研究最为核心的要素都在历史教科书中得以汇合,这是非常难得的标本。故而对于历史教科书史的研究而言,引入概念史视角,借助概念史的理论资源和方法手段,恐怕是开阔研究视野、拓展研究空间,进而提升研究水准、摆脱平面化状态的关键所在。

参考文献

[1] 李孝迁:《新旧之争:晚清中国历史教科书》,《东南学术》2007年第4期。

[2] 李孝迁:《晚清中小学国史教科书述论》,《历史教学问题》2009年第5期。

[3] 舒习龙:《清末民初历史教科书编纂思想析论》,《淮北煤炭师范学院学报》2006年第2期。

[4] 张越:《近代新式中国史撰述的开端——论清末中国历史教科书的形式与特点》,《南开学报》2008年第4期。

[5] 刘超:《古代与近代的表述:中国历史分期研究——以清末民国时期中学历史教科书为中心》,《人文杂志》2009年第4期。

[6] Peter Zarrow. *Discipline and Narrative*:*Chinese*

History Textbooks in the Early Twentieth Century, Q. Edward Wang. *Narrating the Nation: Meiji Historiography, New History Textbooks, and the Disciplinarization of History in China*, Brian Moloughney and Peter Zarrow edited. *Transforming History: The Making of a Modern Academic Discipline in Twentieth-Century China*, The Chinese University Press, 2011.

[7] 王汎森:《近代中国的线性历史观——以社会进化论为中心的讨论》,《新史学》2008年第2期。

[8] Wang Fan-sen. *The Impact of the Linear Model of History on Modern Chinese Historiography*, Brian Moloughney and Peter Zarrow edited. *Transforming History: The Making of a Modern Academic Discipline in Twentieth-Century China*, The Chinese University Press, 2011.

[9] 课程教材研究所编:《20世纪中国中小学课程标准·教学大纲汇编:课程(教学)计划卷》,人民教育出版社2001年版。

[10] 璩鑫圭、唐良炎编:《中国近代教育史资料汇

编·学制演变》,上海教育出版社 2006 年版。

[11] 丁保书:《蒙学中国历史教科书》,文明书局光绪二十九年(1903 年)版。

[12] 横阳翼天氏:《中国历史》,东京东新社孔子纪元二千四百五十五年(1904 年)版。

[13] 赵轶峰:《历史分期的概念与历史编纂学的实践》,《史学集刊》2001 年第 4 期。

[14] 章嶔:《中学中华历史教科书》下册,文明书局光绪三十四年至宣统三年(1908—1911 年)版。

[15] 夏曾佑:《中国古代史》(即《中国历史教科书》),河北教育出版社 2000 年版。

[16] 汪荣宝:《中国历史教科书》(原名《本朝史讲义》),商务印书馆宣统元年(1909 年)版。

[17] 刘师培:《中国历史教科书》,钱玄同等编:《刘申叔先生遗书》,民国二十五年(1936 年)宁武南氏排印,江苏古籍出版社 1997 年影印版。

[18] 陈庆年:《中国历史教科书》,商务印书馆宣统元年(1909 年)版。

[19] 〔意〕贝奈戴托·克罗齐著,傅任敢译:《历史学的理论和实际》,商务印书馆 1982 年版。

[20] 章清:《"普遍历史"与中国历史之书写》,杨念群等主编:《新史学:多学科对话的图景》上,中国人民大学出版社 2003 年版。

[21] 傅斯年:《中国历史分期之研究》,《北京大学日刊》1918 年 4 月 17—23 日。

[22] 王汎森:《执拗的低音:一些历史思考方式的反思》,生活·读书·新知三联书店 2014 年版。

[23] 杜赞奇著,王宪明等译:《从民族国家拯救历史:民族主义话语与中国现代史研究》,社会科学文献出版社 2003 年版。

[24] 刘超:《民国历史教科书中的民族认同与政治认同——以"清朝史"叙述为中心》,《学术月刊》2014 年第 3 期。

[25] 刘超:《历史书写与认同建构——清末民国时期中国历史教科书研究》,社会科学文献出版社 2016 年版。

[26] 课程教材研究所编:《20 世纪中国中小学课程标准·教学大纲汇编:历史卷》,人民教育出版社 2001 年版。

[27] 陈懋治:《高等小学中国历史教科书》,文明书

局光绪三十年(1904年)版。

[28] 姚祖义:《最新中国历史教科书》第4册,商务印书馆宣统二年(1910年)版。

[29] 潘武:《中华中学历史教科书》第2册,中华书局民国二年(1913年)版。

[30] 钟毓龙:《新制本国史教本(中学校适用)》三,中华书局民国三年(1914年)版。

[31] 钟毓龙:《新制本国史教本(中学校适用)》一,中华书局民国三年(1914年)版。

[32] 章嶔、丁锡华:《新制中华历史教科书》一,中华书局民国三年(1914年)版。

[33] 赵玉森:《共和国教科书本国史》卷下,商务印书馆民国二年(1913年)版。

[34] 普通学书室编,赵玉森增订:《普通新历史》,商务印书馆民国二年(1913年)版。

[35] 吕瑞廷、赵澂璧:《新体中国历史》,商务印书馆宣统三年(1911年)版。

[36] 章嶔、丁锡华:《新制中华历史教科书》九,中华书局民国三年(1914年)版。

[37] 沈恩膏:《本朝史》,中国图书公司光绪三十四

年(1908年)版。

[38] 俞旦初:《爱国主义与中国近代史学》,中国社会科学出版社1996年版。

[39] 邹振环:《清末亡国史"编译热"与梁启超的朝鲜亡国史研究》,《韩国研究论丛》第2辑,上海人民出版社1996年版。

[40] 钟毓龙:《新制本国史教本(师范学校适用)》上,中华书局民国四年(1915年)版。

[41] 傅运森、夏廷璋:《师范学校新教科书·外国史》,商务印书馆民国三年(1914年)版。

[42] 李秉钧:《新制东亚各国史教本(中学校适用)》,中华书局民国三年(1914年)版。

[43] 赵懿年:《中等历史教科书·东西洋之部》,科学会编译部民国二年(1913年)发行。

[44] 傅运森:《共和国教科书东亚各国史(中学校用)》,商务印书馆民国二年(1913年)版。

[45] 傅岳棻:《西洋历史教科书(中学校用)》,商务印书馆己酉年(1909年)版。

[46] 刘雅军:《"衰亡史鉴"与晚清社会变革》,《史学理论研究》2010年第4期。

[47]《最新中学教科书·西洋历史》上册，商务印书馆光绪三十二年（1906年）版。

[48] 刘家和：《关于"以史为鉴"的对话》，《北京师范大学学报》2010年第1期。

[49] 孙家洲：《从历史轨迹看"以史为鉴"的得失》，《史学月刊》2001年第1期。

[50] 邓曦泽：《以史为鉴如何可能——基于知识生产的视角》，《天津社会科学》2014年第2期。

[51] 顾颉刚、王钟麒：《现代初中教科书·本国史》下册，商务印书馆民国十三年（1924年）版。

[52] 高博彦：《中国近百年史纲要》上册，文化学社民国十七年（1928年）版。

[53] 吕思勉：《复兴高级中学教科书·本国史》下册，商务印书馆民国二十三年（1934年）版。

[54] 罗香林：《高级中学本国史》下册，正中书局民国二十四年（1935年）版。

[55] 杨人楩：《初中本国史》第3册，北新书局民国二十三年（1934年）版。

[56] 聂家裕：《初级中学历史》第4册，国定中小学教科书七家联合供应处民国三十五年（1946

年)版。

[57] 孟世杰:《新标准高级中学本国史》下册,文化学社民国二十六年(1937年)版。

[58] 汤存德:《新制中华高等小学历史教科书》第9册,中华书局民国二年(1913年)版。

[59] 陈寅恪:《读吴其昌撰梁启超传书后》,《寒柳堂集》,上海古籍出版社1980年版。

[60] 戚学民:《〈戊戌政变记〉的主题及其与时事的关系》,《近代史研究》2001年第6期。

[61] 李华兴主编:《民国教育史》,上海教育出版社1997年版。

[62] 申晓云主编:《动荡转型中的民国教育》,河南人民出版社1994年版。

[63] 毛礼锐、沈灌群主编:《中国教育通史》第5卷,山东教育出版社1988年版。

[64] 朱有瓛主编:《中国近代学制史料》第3辑下册,华东师范大学出版社1992年版。

[65] 余伟民主编:《历史教育展望》,华东师范大学出版社2002年版。

[66]《第二次中国教育年鉴》第2编,台湾正中书局

1974年版。

［67］ 章太炎:《救学弊论》,陈平原编校:《中国现代学术经典·章太炎卷》,河北教育出版社1996年版。

［68］ 吴晗:《中学历史教育》,《独立评论》第115号。

［69］ 李洁非:《现阶段的历史教育》,《教育通讯》第5卷第1期。

［70］ 方维规:《概念史研究方法要旨》,黄兴涛主编:《新史学(第3卷):文化史研究的再出发》,中华书局2009年版。

［71］ 孙江:《序:概念、概念史与中国语境》,《亚洲概念史研究》第1辑,生活·读书·新知三联书店2013年版。

［72］ 杨梅:《由"新名词"到"新概念"——民国历史教科书中"中华民族"一词的概念史解读》,《课程·教材·教法》2017年第8期。